知覚と判断の境界線

「知覚の哲学」基本と応用

源河 亨

慶應義塾大学出版会

まえがき

何かを見たり聴いたり、感触を感じたり、においを嗅いだり、口に入れて味わったり、われわれはほぼつねに何かを知覚している。人間以外の動物には特殊な感覚器官が備わっていたりするが、知覚という活動そのものは、生物が生きていくうえで最も根本的なものだと言えるだろう。だからこそ知覚は昔からさまざまな分野で研究されている。そうしたなか本書は、哲学から知覚にアプローチする。

「哲学」といっても実に多種多少な手法・方針があるが、本書は「現代哲学」と呼ばれる領域、なかでも**分析哲学**と**現象学**を取り上げる。だが本書には、いかにも哲学っぽい話題だけでなく、心理学や認知科学といった科学的な知覚研究の話題もそれなりに出てくる。むしろ、そうした科学と哲学の接続を試みていると言っていいだろう。その点で本書は、科学を哲学的に扱う**科学哲学**という領域に属しているとも言える。さらに、知覚は情動や思考などと並ぶ心的な活動・状態の一つであるという点からすると、本書は**心の哲学**の著作でもある。さらに本書では、**認識論**や**存在論**(**形而上学**)、さらに**美学**と知覚研究の結びつきも取り上げる。ともかく本書は、さまざまな観点からできるだけ包括的に知覚を考察するのだ。

前述の通り本書の主軸は哲学にあるが、「知覚の哲学」は現代哲学で最も注目を集めている領域と言っていいだろう。その証拠に、最近は国内外でこの分野の単著や論文集が毎年三、四冊は出版されている。論文単位で言えばもっとずっと多い。本書の参照文献をみれば、ここ十数年の文献がかなり多いことがわかるだろう。哲学研究でこれほどハイペースに成果が発表される話題はそうそうない。知覚の哲学はかなりのホットトピックなのだ。

本書は、執筆時点の二〇一六年までの研究を可能な限り追いつつ、そこで用いられている基本的な道具を説明し、さらに、それを応用した考察を展開する。たとえば次のようなトピックを取り上げる。

基本

・現象的性格（クオリア）
・知覚経験の透明性
・意識の自然化
・知覚による信念・判断の正当化
・幻覚論法
・センスデータ説
・表象説と志向性
・直接実在論／間接実在論

・関係説と選言説
・知覚の概念主義／非概念主義

応用
・知覚的カテゴライズ
・他者の心の経験（素朴心理学、理論説、シミュレーション説）
・不在（否定的事態）の知覚
・聴覚経験と聴覚情景分析
・感覚モダリティの個別化
・ゲシュタルト知覚
・美的知覚
・知覚内容のラッセル説／フレーゲ説

応用に関しては本書の独自の主張と共に説明されることが多いが、基本に関してはなるべく中立的に、知覚の哲学を知りたいと思った人に向けて丁寧に説明した（つもりだ）。右に挙げた基本トピックは第1章と第2章で登場するが、そこを読むだけでも現在の知覚の哲学の様子を一通り知ることができるだろう。それ以降の章は応用になるが、そこまで行けば細かい話題までほぼ知ることができる。

このように現在の知覚の哲学を総動員して本書が考察するのが、はたして**どれだけのものが知覚可能なのか**という問題である。

目次

序論　見ればわかる？

何かを知覚したとき、人はさまざまな物事に気づく。たとえば、白いマグカップを見ている場面を考えてみよう。そのとき、これは白い、円筒形をしている、硬そうだ、これはマグカップである、取手を摑める、なかに何も入っていない、壁に投げつければ壊れそう、といったことに気づくだろう。また、ピカソの《ゲルニカ》を見ている場面では、これは大きい、長方形である、モノクロの色しか使われていない、これは絵画である、それも抽象画である、ダイナミックである、などなどに気づくかもしれない。最後に、顔をしかめて犬を蹴飛ばしている人を見る場面を考えてみよう。そのときには、その人は怒っている、蹴られているのは犬である、その犬は痛がっている、その行為は残虐だ、と気づくだろう。

では、こうしたさまざまな物事のうち、**どこまでが知覚されたものであり、どこからが知覚に基づいて判断されたものなのだろうか**。別の言い方をすれば、知覚と判断の境界線はどこにあるのだろうか。

色や形といったものが知覚されているということに異論はないだろう。だが、〈犬である〉、〈絵画である〉といった、知覚されているものの種類に関する性質（種性質 kind property）や、〈摑める〉といった行為可能性、〈何も入っていない〉といった不在・欠如、〈壊れそう〉などの傾向性、〈怒っている〉といった他者の情動、〈ダイナミックである〉といった美的性質、〈残虐である〉といった道徳的性質についてはどうだろうか。これらは文字通りの意味で「見える」ものではないと考えられるかもしれない。マグカップの白さや円筒形という形状は文字通り見えるものだが、対象が〈マグカップである〉ことは、色や形を見て、それをマグカップに関する記憶や知識と照らし合わせた結果として、「理解」あるいは「判断される」ことだと考えられるかもしれない。行為可能性や他者の情動といったものについても同様である。

だが近年、こうした考えの見直しが図られている。つまり、色や形といったもの以外も文字通り知覚できるかもしれないと考えられるようになってきているのだ。このトピックは「知覚経験の許容内容（admissible contents）」と呼ばれている。これが本書のテーマである。

始まったばかりだが、もうここで本書の核となる主張を述べておきたい。本書は、先に述べたさまざまな特徴のなかでも、種性質（第3章）、他者の情動（第4章）、不在（第5章）、美的性質（第6章）の知覚可能性を検討し、とくに最後の二つの知覚可能性を積極的に擁護する。そのために本書は、高次モード知覚説という知覚理論を提示する。

高次モード知覚説は、意識的な知覚を**知覚されているもの**と**知覚のされ方**（モード）の二つに分ける。「知覚されているもの」は、色や形、音といった、知覚可能性が問題なく認められるものである。たとえば、対象がもつ赤さを知覚すると赤さが知覚的意識に現れ、四角さを知覚すると四角さが知覚的意識に現れる。これを否定する人はほぼいないだろう。それに対して、高次モード知覚説に独特の（したがって議論の余地のある）主張は、「知覚のされ方」、より正確に言えば、「知覚されているものの知覚のされ方」を導入することである。つまり、色や形などが**特定の仕方**で知覚され、その特定の仕方での知覚が、一見すると知覚不可能だと思われる事物の知覚に寄与すると主張するのだ。

具体例として、第6章で扱う美的性質の知覚を使って簡単に説明しよう。たとえば《ゲルニカ》を見る場合、その絵がもつさまざまな特徴が知覚される。モノクロの色、複数の直線や曲線、そうした線から作られた円や多角形、それらの大きさ、そして、絵全体の大きさ、等々。これらは「知覚されているもの」であり、そのまま知覚的意識に現れる。ここで高次モード知覚説は、これらのものが特定の仕方で知覚されることで、さらに、ダイナミックさや荒涼さという美的性質が知覚的意識に現れると主張する。

そして、本書が主張する「特定の仕方」は、**ゲシュタルト的まとまり**である。

まず、ゲシュタルトの一般的な説明を述べておこう。ゲシュタルトは、全体論的な形態や構造、あるいは、「部分の加算的集合に還元不可能な全体」と言われる。その典型例はメロディだろう。メロディは、複数の音から構成されているが、構成要素となる音の単なる寄せ集めではない。その証拠に、移調によって構成要素の音がすべて別のものに入れ替わったとしても、依然として同じメロディとして認識されうるだろう。その理由は、すべての音が入れ替わっても、それぞれの音のあいだに成り立っていた関係や構造（たとえば、ある音と次の音の長さや高さがどれくらい違うか）が維持されているからである。メロディの認識にとって重要なのはこうした関係なのだ。音を入れ替えるとしても、全体の関係が移調の場合のように維持されないなら（たとえば、すべての音ではなくいくつかの音だけを変えてしまったら）同じメロディとしては認識されない。メロディは、それを構成する音があることで成り立つものだが、メロディそのものは構成要素の単なる寄せ集めではない。むしろ、構成要素となるそれぞれの音が作り出している関係、それによって出来上がる構造／まとまりなのである。

高次モード知覚説はこうしたゲシュタルト概念を応用したものである。《ゲルニカ》の例に戻ろう。高次モード知覚説は、色や形、大きさといったものは、ダイナミックさや荒涼さと、部分－全体関係に立っていると主張する。ダイナミックさなどの美的性質は、部分となっている色や線、形、大きさと同一ではない。むしろ、それらがまとめられることで実現される全体論的な特徴なのである。

美的性質が全体論的特徴だということは、さきほど挙げたメロディとの類比を考えればわかりやすいだろう。メロディを構成する音のうちのいくつかだけを変化させ、全体の構造を変えてしまった場合、もはやもとのメロディは維持されない。それと同様に、《ゲルニカ》の構図はそのままで色だけを明るいものに変えてしまうと、もはや荒涼さを感じなくなるだろう。それは、各部分の関係／全体的な構造が変化してしまったからである。

このように高次モード知覚説は、色や形といったものがゲシュタルト的にまとまって知覚されることで、一見すると知覚不可能だと思われるものが知覚可能になると主張する。本書はこれから、この知覚理論がどういった議論を踏まえて作られたか、この理論が何を説明できるか、それにどういった利点があるか、等々を具体的にみていく。そして最後の第7章では、この理論が関連領域に与えうる影響を検討する。

次に、知覚の哲学とは何か、言い換えれば、知覚について哲学的に考察するとは何をすることなのかを少し説明しておこう。

言うまでもなく、知覚はさまざまな領域で研究されている。たとえば、心理学は内観や行動を実験で調べることで知覚とは何かを明らかにしようとしているし、神経科学は脳状態から知覚を研究している。また、知覚を生じさせる刺激は光学や音響学などで工学的に分析されている。こうしたさまざまな探求があるなかで、哲学が果たす役割は一体何なのだろうか。

一般的に言って、哲学は、広い文脈のもとで物事を検討することだと言われる。すると、知覚の哲学は、広い文脈のもとで知覚を検討することだと言えるだろう。すでに述べたように、知覚はさまざまな領域で研究されており、それぞれの研究者はそれぞれの目的で、そして、それぞれが得意とする方法で、知覚にアプローチしている。だがその反面、自身のアプローチに従事するあまりに、複数の観点を考慮した包括的な視点から知覚を理解することができなくなっている可能性がある。つまり、限定された文脈のなかで知覚とは何かが問われているのかもしれないのである。しかし、知覚とは一体何であるかを理解するためには、知覚がもっているすべての側面を考慮しなければならない。そこで、さまざまな観点を考慮し、広い文脈のもとで、知覚とは何かを総合的に明らかにする考察が必要とされる。それが知覚の哲学である。

とはいえ、こうした考察は心理学や神経科学などの科学で知覚理論を作るうえでも行われるので、哲学的考察ではなく単に理論的考察と言ってしまってもいいのかもしれない。だが、科学的な知覚研究でそれほど扱われていない事柄がいくつかある。そのなかでも本書がとくに重視するのは、**知覚対象の存在論**、**知覚の認識論**、**知覚の意識的側面**、である。そして、この三点は、知覚が古代から哲学的考察のなかで重要な位置を占めてきた理由にもなっている。

存在論とは、おおまかに言えば、世界にはどのようなものがどのようにして存在しているか、という問いである。そして認識論は、世界のなかにあるものはどのようにして知られるのか、という問いである。二つを合わせると、世界にはどういったものがどのようにしてあるのか、そして、それはどのように知られるのか、ということになるだろう。そしてこれは知覚の問題である。自分をとりまく世界がどのようになっているかは、見たり聴いたりすることで、つまり知覚によって知られる。知覚はわれわれが世界と関わる第一の手段なのだ。

また典型的な知覚は意識的なものである。たとえば、赤いものが目の前にある場合、その赤いものが意識に現れることで、目の前に赤いものがあると知ることが可能になる。自分がいる部屋が真っ暗であったりするために赤さが意識に現れなければ、赤いものがあると知ることはできないだろう。知覚における意識のあり方は、認識と密接に結びついているのだ。

さらに、知覚的意識は知覚対象の存在の仕方とも関わってくる。目の前にある対象が赤く見える場合、その対象は赤さを伴って意識に現れるものだと言える。対象は、知覚的意識に何らかの影響を与える特徴をもつものとして存在しているのだ。もちろん、知覚的意識に現れない特徴もたくさんある。たとえば犬笛が発する音などは、人の感覚器官が捉えられる限界を超えたものなので、人の意識には現れない。だが、人の知覚的意識に影響を与える対象の特徴は、人の知覚的意識を通して理解されるはずである。

このように、典型的な知覚は、主体を取り巻く環境にどういったものが**存在**しているのかを**認識**するための**意識**的な働きである。そのため、この三点は、知覚を理解するために是非とも検討しなければならないものだと言えるだろう。

最後に挙げた知覚の意識的側面は、ここ最近の知覚の哲学の盛り上がりを牽引してきたものでもある。ここで、近年の知覚の哲学の動向をごく簡単に説明しておこう。

知覚の哲学は「復活した」分野だと言われる。「復活した」と言うからには、少なくとも一度は死んでいたことになるが、その死は第1章と第2章で詳しく取り上げるセンスデータ説の失敗に由来すると言っていいだろう。センスデータ説は、二〇世紀初頭の英米系の哲学、いわゆる分析哲学で人気のあった知覚理論である。当時の研究者たちは、知識の基礎を知覚に求めるという認識論的目的をもっており、さらに、現象主義と呼ばれる極端なセンスデータ説を支持する人は、知覚されるセンスデータから世界を構成しようという存在論的目的をもっていた。しかし、そうした目論見は失敗したと言われている。そしてそれに伴い、センスデータ説だけでなく知覚の哲学そのものが下火になってしまったのである。

だが、二〇世紀の終わりから**意識の自然化**という問題に注目が集まったことをきっかけに、知覚の哲学は再び息を吹き返した。意識の自然化をおおまかに言えば、意識をどのようにして自然科学の対象とするか、意識をどのようにして物理的世界のなかに位置づけるか、という問題である。

意識がなぜ問題になるかを理解するために、たとえば、トマトを見ている場合を考えてみよう。そのときの意識には鮮やかな赤さが現れているが、一方で、次のような一連の物理的な出来事も生じている。トマトから反射された光が目に入り、それが視細胞を刺激し、刺激によって興奮した細胞が視神経を通して脳に信号を送り、脳がある状態になる、等々。目に光が入ってから脳が特定の状態になるまでは、物理的な因果関係がある。光の反射も細胞や神経の興奮も、自然科学の対象となるような物理現象である。しかし、鮮やかな赤さが意識に現れるという出来事は、そうした物理現象とは異なるものだと思われるかもしれない。たとえば、赤さが意識に現れたからといって、どういった光が眼に入っているかという物理的な事柄はまったくわからない。そのため、赤色が見えるということは、物理現象とはまったく異質な「心的現象」であるように思われるかもしれない。

二〇世紀の終わりから、心の哲学と呼ばれる分野の研究者は、何とかして、一見すると心的に思われる意識現象を物理的に説明しようとしてきた（問題となる意識の特徴は「クオリア」という名前でよく知られるようになった）。そして、こうした問題が注目されるにつれ、知覚が再び取り上げられるようになった。というのも、知覚は意識経験の典型例だからだ。

より正確には、一度死んだのは英米系の分析哲学における知覚研究だと言うべきかもしれない。というのも、ドイツやフランスといった大陸系の哲学、いわゆる「現象学」では、知覚研究がずっと盛んだったからである。現象学者たちはつねに意識の問題に向き合い続けており、フッサールやメルロ＝ポンティといった過去の現象学者たちの意識的知覚の研究は多大な影響をもっている。近年では現象学者だけでなく分析哲学の研究者も、そうした知見を取り入れるようになってきている。

知覚の哲学の復活には以上の経緯があったため、現在の哲学的知覚研究の多くは二つの大きな特徴をもっている。一つめは、知覚的意識が一番の検討事項だということである。そしてもう一つは、科学的知覚研究を重視しているということだ。

しかしこの二点だけでは、知覚の哲学は心の哲学の下位分野であるようにしかみえないだろう。つまり、意識についての理論を構築するためのケーススタディとして、意識経験の典型例である知覚に注目しているようにしかみえないのだ。だが、知覚の哲学はより範囲の広い分野である。というのも、少し前に述べた通り、知覚についての考察は存在論や認識論とも関係しうるからだ。知覚は、意識とは何かを考えるときだけでなく、世界に何が存在し、それがどう知られるのかを考えるうえでも検討すべきものなのである。

以上を踏まえ、本書のポイントを述べておこう。第一のポイントは、知覚についての考察が存在論や認識論へ与える影響を重視する、というものである。もちろん、他の哲学的知覚研究と同じように、本書も知覚の意識的側面を取り上げる。だが、現状として扱いが不十分である存在論や認識論との関係に力点を置くことにしたい。哲学的知覚研究の多くは意識に焦点を合わせてきたが、そうした研究で登場した概念や理論は、関連する分野の研究に貢献しうるほど十分に豊かになっている。本書はそれを示す試みになるだろう。

第二のポイントは、現在の知覚の哲学の全体像を説明することである。本書は、分析哲学や現象学における多様な論点を取り上げ、その基本トピックを説明する。また、近年の知覚の哲学の特徴として挙げたように、知覚に関するさまざまな科学的知見も取り入れることにしよう。本書は、哲学的知覚研究と科学的知覚研究の交差点を見極める試みにもなるだろう。

順番が逆になったが、第二のポイントが知覚の哲学の基本であり、第一のポイントがその応用である。そして、こうしたポイントを押さえた議論を展開するためにふさわしい問題の一つが、「どのようなものが知覚可能なのか」というものなのだ。

第1章　知覚可能性の問題

本章では、哲学や科学におけるさまざまな見解をみながら、「何が知覚可能なのか」という問い（以下「知覚可能性の問題」）がどのようなものなのかを明らかにする。

これから説明するように、この問題を適切に理解するためには、用語や枠組みを正確に設定する必要がある。そのため、細かい話になるかもしれないが、ここでは問題の意義や面白さを正確に描き出すための道具を揃えることにしたい。

さらに本章では、哲学の方法論についても考察してみたい。つまり、哲学的な問題に取り組むことに何の意義があるのか、その意義をどう特徴づけるのか、その意義を汲み取るために果たすべき課題は何か、ということを検討するのである。

1　問題の定式化

高次性質と低次性質

まず、色・形・大きさ・距離・音色・音量・音高・におい・味・手触り、といった、**知覚可能性が問題なく認められるもの**を「低次性質」と呼ぶことにしよう。これらは、伝統的に一次・二次性質や可感的性質（sensible property）と呼ばれてきたものである。

他方で、「高次性質」は、**知覚可能性がそれほど簡単に認められないもの**である。本書が扱う高次性質は、〈犬である〉や〈机である〉といった種性質、〈あの人は怒っている〉といった他者の情動、〈何かがない・起きていない〉という不在、〈優美である〉や〈けばけばしい〉といった美的性質(1)である。ここには性質だけでなく状態や事態も含まれているが、表現の簡略化のためにすべて「高次性質」と呼ぶことにする。このような意味での高次性質としては、本書で扱うもの以外にも、行為可能性（アフォーダンス）、文や発話の意味、因果関係、道徳的性質の知覚可能性がすでに議論されている(2)。

注意してもらいたいが、右記の低次／高次の区別は、両者を峻別する明確な基準に基づいて与えられているわけではない。さらに、さまざまな高次性質を一つの自然種にまとめるような基準も与えられていない。高次性質は、あくまでも、「その知覚可能性が簡単に認められない、それが知覚可能であると主張すると異論が出てくるようなもの」という非常に緩い基準でまとめられたものである。こうした区別は多くの論者が用いており（Bayne 2009; Fish 2010; Logue 2013; Macpherson 2011）、本書もその慣例にしたがっている。

非常に緩い区別ではあるが、「高次性質」という用語を使うことにはいくつか利点がある。たとえば、特定の高次性質の知覚可能性を主張するうえでは、一見すると知覚可能だと思えないものが実は知覚可能だと示す巧妙な議論が必要になるだろうが、その議論の一部は他の高次性質の議論にも利用できるかもしれない。もちろん以下で説明するように、それぞれの高次性質ごとに異なる議論を行う必要はあるのだが、共通する部分は「高次性質の知覚可能性を支持するための議論」として一般化できるだろう。同じことは「高次性質の知覚可能性を否定する議論」と一般化する場合にも言える。また後述するように、知覚可能性が簡単には認められないものが知覚可能だと言えた場合には、どの高次性質であれ、一定の存在論的・認識論的主張が支持されることになる。こうした主張は一般的に「高次性質の知覚可能性から支持される主張」と呼ぶことができるだろう。

本書が「高次性質」という用語を用いるのはこうした理由からであるため、「高次」には「知覚可能性が簡単には認められない」以上の含意を読み込まないように注意されたい。たとえば、高次性質を知覚するために高度に洗練された概念・認知能力が必要とされるとは限らない（この点は次章で概念主義を説明する際に取り上げる）。

実際のところ、**すべての高次性質の知覚可能性を一挙に肯定／否定するような単一の議論が与えら**

れるとは考えがたい。というのも、それぞれの高次性質で問題になる事柄が異なっているからである。たとえば、種性質と他者の情動の知覚可能性では、本物と偽物が知覚的に区別できないことが問題になる（リンゴと食品サンプルのリンゴ、本当に楽しんいる人と楽しいふりをしている人が見分けられない）。これに対し、不在や傾向性の知覚可能性を主張するうえでは、そもそも知覚が捉えられるのは〈ある・起こっている〉といった肯定的で顕在的な対象・事態だけだと思われることが問題になる。つまり、〈何かがない・起きていない〉といった否定的事態や、まだ実現されていない状態は知覚不可能だと考えられるのだ。他方で、美的性質や道徳的性質では相対性が問題になる（ある人はある対象を優美だと感じるが別の人はけばけばしいと感じる、ある人はある行為を勇敢だと思うが別の人はそう思わない、など）[3]。その他にも、因果関係の場合にはヒューム的な反実在論が問題になるだろうし、意味論的性質に関しては言語運用能力と知覚の関係が問題なるだろう。このように問題点がそれぞれ異なることをみると、特定の高次性質の知覚可能性を主張するためには、それぞれ異なる議論が必要になると考えられる。仮にここで挙げた高次性質がすべて知覚可能であるとしても、それぞれ異なる仕方で知覚可能になっていると考えられるのだ。

ひょっとすると、さまざまな高次性質の知覚可能性を主張するための**基礎的な枠組み**は与えられるかもしれない（実際に本書はそれを目指す）。だが、いま挙げた問題の違いを踏まえると、それぞれの高次性質に固有の議論が必要になると考えられるだろう。

また、必要となる議論の違いから、たとえば、種性質は知覚可能だが他者の情動は知覚不可能だと主張する人もいるかもしれない。さらには、種性質の知覚可能性を主張する場合でも、人間が進化してきた環境に昔から存在していた自然物の種性質を知覚する能力は自然選択によって獲得されているが、人間が発明した人工物の種性質はそうではないと主張する人もいるかもしれない。

　このように、高次性質一般にあてはまる議論はなさそうだが、**それぞれの高次性質を個別に検討することには十分な意義がある**。さきほど少し触れたが、特定の高次性質が知覚可能だと判明すると、その高次性質に関して興味深い主張が導き出せるからである。

　たとえば、傾向性や不在が知覚可能であるなら、知覚が捉えられるのは〈ある・起こっている〉という肯定的で顕在的な対象だけだという前提を再考する必要が出てくるだろう。また、美的性質や道徳的性質といった価値的な性質が知覚可能であるなら、「これは優美である」、「これはけばけばしい」や「彼は勇敢だ」、「その行為は残虐である」といった価値判断は、主観的な意見の表明ではなく、知覚に基づいて正しさを問えるものだと言えるかもしれない。また、価値的な性質は知覚されるものとして客観的な環境の側に属していると主張することで、価値についての実在論を主張する手がかりが得られる。さらに、価値についての知識は、生得的に実装されているのではなく、知覚に基づいて獲得されると主張する余地も出てくる。

　このように、特定の高次性質が知覚可能であると判明すると、その高次性質の存在論的身分や、それに関わるわれわれの心的状態について、知覚不可能だとみなされたときにはなかった選択肢が浮上してくるのである。この点は本章第４節でより詳しく説明しよう。

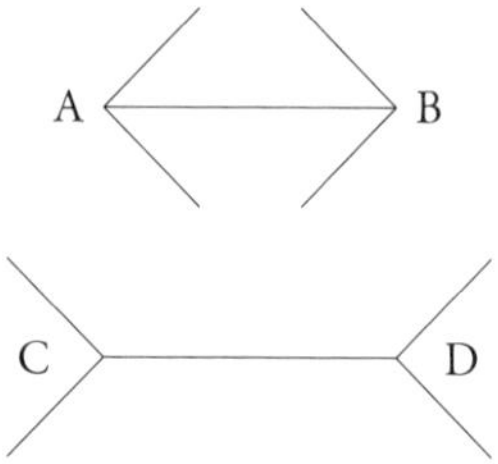

ミュラー・リヤー図形

知覚と思考

次に、信念や判断といった思考と知覚を異なる心的状態として区別しておこう。この区別がなければ、「高次性質は知覚可能か」という問題を正確に捉えることはできない。というのも、高次性質が知覚可能かどうかにかかわらず、高次性質についての思考をもつことは明らかに可能だからである。[4]

たとえばトマトを見たとき、われわれは「目の前にトマトがある」と信じたり判断したりするだろう。普段われわれはこうした場合に「トマトが見える」と言ったりするが、ここから、目の前にあるものが〈トマトである〉こと、つまり、トマト性という種性質は文字通り見える（知覚される）と考えることができるかもしれない。同様に、「彼が怒っているのを見た」、「彼が悪事を働くのを見た」といった表現から、他者の情動や行為の悪さは見えるものだと考えられるかもしれない。つまり、日常表現は高次性質の知覚可能性を示唆していると思われるのだ。

だが、知覚と思考との区別を念頭に置くと、物事はそう単純ではないことがわかる。それらが異なる心的状態であることを最も明確に示しているのは、右上のミュラー・リヤー図形を見たときのような錯覚だろう。

この図の線分ＡＢとＣＤは長さが異なるように見える。しかし、物理的には同じ長さである。それぞれの両端に取り付けられた矢羽の向きが異なるために、二本の線分は異なった長さをしているように見えるのだ。この図形が錯覚を引き起こすものだと知っているなら、この図を見たとき、二本の線分の長さは等しいと信じるかもしれない。しかし、そう信じていても、依然として二本の線分は異なった長さをしているように見え続けるだろう。

こうした事例から、対象についての思考をもつことと対象を見ることは同一視できないことがわかる。知覚は、特別な事情がなければ（たとえば、この図形は錯覚を引き起こすと知っていなければ）その知覚に対応する信念や判断といった思考を形成させるが、知覚そのものは思考とは異なる心的状態なのである。

この区別を念頭におき、低次性質と高次性質を考えてみよう。低次性質についての信念・判断が低次性質の知覚に基づいて形成されるということは問題なく認められるだろう。たとえばトマトを知覚したとき、トマトがもつ赤さや丸さを知覚し、それに基づいて「これは赤い」、「これは丸い」といった判断を下せるようになる。

では、同じことが高次性質についても言えるのだろうか。たとえば、トマトを知覚したとき、それがもつトマト性という種性質を知覚して「これはトマトだ」と判断できるようになる場合があるのだろうか。それとも、われわれが知覚できるのは赤さや丸さだけであり、「これはトマトだ」と判断する際には、赤さや丸さの知覚、そして、それに基づく赤さや丸さについての判断に、推論や解釈といった知覚的でない心的操作を加える必要があるのだろうか。つまり問題は、**高次性質は知覚レベルで**

捉えられうるのか、それとも、低次性質の知覚（あるいはそれに基づく信念・判断）に推論や解釈が加わることで形成された**信念・判断のレベルで初めて捉えられるのか**ということである。

先ほど、「トマトが見える」のような日常表現は高次性質の知覚可能性を示唆しているという考えに対して、物事はそう単純ではないと述べていた。その理由は、日常表現での「見える」は、知覚を指しているのか、それとも知覚に推論や解釈が加わって形成された思考を指しているのかが曖昧だからである。結局のところ、「トマトが見える」といった日常表現を用いる場面では、その表現を「トマトがあるとわかる」と言い換えても遜色がない場合が多い。そのため、高次性質の知覚可能性を考えるうえで日常表現に頼ることはできない。むしろ、知覚と信念・判断を異なる状態として明確に区別し、そのうえで、高次性質についての信念・判断が高次性質の知覚に基づいているのかを問わなければならないのである。

注意してもらいたいが、高次性質の知覚可能性を主張するために、高次性質についての信念・判断がすべて高次性質の知覚に基づくと主張する必要はないし、そもそもその主張は誤っている。というのも、たとえば、視界がはっきりしないところで遠くにいる犬を見た場合、ぼんやり見える色や形から推論・解釈して「あれは犬だ」と判断することが実際にあるからだ。このような場合、高次性質は明らかに知覚されていない。問題となるのは、そうした推論・解釈の介在なしに、高次性質の知覚のみに基づいて高次性質についての判断が下される**場合があるのか**ということである。

だがここで、そもそも推論や解釈を介さない知覚など本当にあるのか、と思われるかもしれない。

というのも、知覚に関する科学では、知覚には「無意識的推論」が伴っているとよく言われるからである。それは、網膜に与えられた二次元的な像から立体を復元する、奥行き手がかりを使って対象までの距離を割り出す、状況に依存した見た目から対象の恒常的な性質を特定する、といったものである。この種の推論はわれわれが意識的に行っているものではなく、現代風に言えば「サブパーソナルな計算」である。どんなものであれ、知覚はこうした意味での推論を含んでいるのではないだろうか。

確かに知覚にはこうした過程が介在している。だが、こうした計算によって割り出されているのは、形や大きさ、色、距離といった低次性質であり、その意味では、こうした計算過程は知覚的なものとみなすことができる（Masrour 2011; McGrath 2013）。つまり、ある意識的な経験（「経験」はさまざまな心的状態に中立的な意味で用いる）が知覚とみなされるなら、それに伴うサブパーソナルな計算過程も知覚的とみなすことができるのである。したがって、ある経験にサブパーソナルな計算としての無意識的推論が伴うことは、その経験が知覚である可能性を排除しないのだ。

高次性質の経験についても同様のことが言えるだろう。もし高次性質が知覚可能であるなら、いくつかの高次性質の経験は知覚だとみなされ、それに伴うサブパーソナルな計算過程は知覚的なものとみなされる。他方で、もし高次性質が知覚不可能であるなら、高次性質の経験には必ず非知覚的な計算過程が介在しているとみなされるだろう（計算過程については、次節の「経験科学」で再び取り上げる）。

以上の用語や注意点を踏まえると、高次性質の知覚可能性についての問題は次のように特徴づけられる。

何らかの高次性質についての信念・判断が、推論や解釈といった非知覚的な計算過程を介さず、当該の高次性質の知覚のみに基づいて形成される場合があるのか。

この問題に取り組むためには「知覚的な過程と非知覚的な過程はどういった基準で区別されるのか」という疑問に答えなければならないだろう。本書はこれからさまざまな議論を通して、そうした基準をいくつか提示する。

2　分析哲学・現象学・経験科学

次に、知覚可能性に関するさまざまな見解をみてみよう。とはいえ、すべてを取り上げることは不可能なので、ここでは代表的な三つの見解を紹介する。そのうち二つは高次性質の知覚可能性について対立する意見をもつ哲学的見解であり、もう一つは経験科学の見解である。

分析哲学

分析哲学の知覚理論の出発点としては、古典的基礎づけ主義と呼ばれるセンスデータ説が挙げられるだろう（より現代的な知覚理論である「表象説」は次章で説明する）。センスデータ説は、われわれがもつ知識のすべてを知覚によって基礎づけるという目的から出発し、そうした目的のために、知覚可能性を低次性質に限定する傾向がある。

何かを知覚することにで、さまざまな物事を知ることが可能になる。たとえばトマトを見たとき、目の前にトマトがあると知ることができる。ザーザーという音を聞けば雨が降り出したとわかる。こうした素朴な直観にしたがえば、われわれは、環境に存在しているものを知覚することによって、そうしたものについての知識を獲得できると考えられるだろう。

だが、センスデータ説を支持する論者はこうした素朴な直観に疑いを投げかける。というのも、信じられていることが知識であるためには、少なくとも、その信念は**確実に**正しいものでなければならないと考えられるからである。別の言い方をすれば、**知識の基礎となるものは、誤りや疑いの可能性を排除できるものでなければならない**というのだ。そして高次性質については、知覚に基づいて確実な基礎がつねに与えられるわけではない。というのも、錯覚や幻覚といった可能性があるからである。たとえばプライスは次のように述べている。

> トマトを見ているときも、私は多くのことを疑うことができる。いま見ているものは本当にトマトなのか、うまく色づけした蠟性の物体ではないのか。そもそも、そこには何の物体もないので

はないか。ひょっとしたら、私がトマトだと思っているものは実は光の反射かもしれない。さらには、私は幻覚を見ているのかもしれない（Price, H. H. 1932: 3）。

こうした錯覚や幻覚の可能性を考慮するなら、知覚が高次性質についての知識を与えるとは言いがたい。トマトが目の前にあるように見え、それに基づいて「トマトがある」と信じるようになったとしても、もとの知覚が誤っている可能性があるからだ。トマトらしきものの見えは「目の前にトマトがある」という知識の確実な基礎にはならないのである。

だが、このとき確実に知られていることもあると考えられる。先ほどの箇所に続けて、プライスは次のように述べている。

だが私には疑いえないものが一つある。それは、丸くて少しふくらんだ形の赤色の断片が存在し、それが他の色のつぎはぎを背景にして浮かびあがり、奥行きをもっていること、そして、この色の領域全体が私の意識に直接現れていることである（*ibid.*）。

トマト性のような高次性質とは異なり、色や形が意識に現れていることは確かであるように思われる。この点は次のように説明できるかもしれない。本当は目の前に何もないのに幻覚が見えている場合に、「トマトがある」と信じても「バナナがある」と信じてもどちらも誤っているが、後者ではなく前者の信念をもった理由があると考えられるのではないだろうか。つまり、どのような誤った信念をもつにせよ、なぜ別の信念ではなく特定の信念をもったのかを説明するものがあると考えられるのである。そしてそれは、黄色さや細長さではなく、赤さや丸さといったものが意識に現れていることではないだろうか（Smith, A. D. 2002: 36）。そうであるなら、色や形といった低次性質が意識に現れていることは確かであり、それが知識の確実な基礎になりうると考えられるのである。

だがここで次のような疑問が浮かぶ。服の色を見間違えたり大きさを見誤ったりするなど、低次性質について誤ってしまう場面もよくある。すると、赤さや丸さが意識に現れることにも、誤りが生じうるのではないか。そうであるなら、低次性質についての知覚も知識の確実な基礎にはなりえないのではないだろうか。

実のところ、センスデータ説が不可謬・不可疑な知覚対象として認めているのは、外界の物理的対象がもつ性質ではない。知覚的意識に現れる色や形は、外界に何もない幻覚の場合でも存在していると認められるようなものだからである。むしろそれらは、センスデータという**心的**対象がもつものだと考えられている。そして、不可疑・不可謬であるのは、センスデータがもつという意味で心的な性質として理解された低次性質についての知識なのである。センスデータ説は、われわれのすべての知識の究極的な基礎は、こうした心的な低次性質によって与えられると主張するのである。

このように、知識の確実な基礎を知覚に求めるセンスデータ説では、知覚可能性が認められるのは不可謬・不可疑な対象のみということになる。その結果、心的な性質としての赤さや丸さといった低次性質は知覚可能なものであるが、外界の対象がもつ低次性質、そして、トマト性などの高次性質は知覚されるものではないと考えられることになる。むしろそれらは、知覚より後の信念・判断のレベルで初めて捉えられるものだと考えられるだろう。つまり、赤さや丸さが意識に現れているという確実な事実に基づき、外界にもそれに対応するものがあるのではないかと推論されることで、外的性質としての色や形、トマト性が知られることになるのである（センスデータ説については、次章でも検討する）。

こうした見解は一見するともっともらしく思われるかもしれない。だが、高次性質から独立に低次性質だけが知覚によって与えられているという点は、疑わしい考えだとして批判されることがある。次に、そうした疑いを投げかける現象学の見解をみてみよう。

現象学

現象学はフッサールによって二〇世紀初頭頃に創始された哲学的方法論である。この潮流に連なる哲学者やその研究対象には実にさまざまなものがあるが、そこに共通する特徴として、**一人称的観点からの経験の記述**が挙げられるだろう（Gallagher and Zahavi 2011 chap. 1）。そして、こうした特徴をもつ現象学的見解では、さまざまな高次性質の知覚可能性が認められる傾向にある。

まずは一人称的な経験の記述を簡単に説明しておこう。

「知覚」という現象がどのようなものであるかについては、知覚しているあいだの神経や脳状態を三人称的に観察することで理解することも可能である。実際のところ知覚に関する科学ではそうした三人称的な観点からの探求が主流だろう。しかし、こうした探求がうまくいくためには、そもそも知覚がどのようなものであるかが明らかになっていなければならない。つまり、説明されるものがどのようなものかがはっきりしていなければ、それについて適切な説明を与えることもできないのだ。

では、三人称的観点によって説明される知覚を、三人称的観点とは独立に特徴づけるためにはどうすればいいのだろうか。そこで現象学は一人称的観点を導入する。つまり、われわれが行う知覚とはわれわれにとってどのようなものであるか、われわれに経験されているものとしての知覚とはどのようなものであるかを正確に明らかにしようと試みるのである。こうした方針では、われわれが何かを知覚するときに感覚器官や脳で生じている生理的な出来事は、一旦脇に置かれる（「かっこに入れられる」）。というのも、それらは一人称的な観点から知りうるものではないからである。それよりも、経験主体にとって知覚とはどのようなものであるかを明らかにすることで、三人称的な観点から説明が与えられるような、知覚という現象のあり方が明確になると考えられるのである。

この点を念頭におき、他者の情動の知覚に関する次のシェーラーの主張をみてみよう。

他者の笑いに喜びを、涙に悲しみと苦痛を、赤面のなかに恥ずかしさを、大きく広げた両腕に懇願を、慈しみの眼差しに愛を、歯ぎしりに怒りを、握りしめた拳に脅しを、発話に考えの趣旨を、等々を直接的に捉えているとわれわれが思っていることは確かである。これらは知覚ではないと言う人、つまり、知覚とは「身体的感覚の複合体」にすぎず、そして、他者の心に関する感覚も、そうした感覚の源泉となる刺激もないのは確かなので、これらは知覚ではありえないと言う人には、そうした疑わしい理論から離れて現象学的事実に立ち返るようお願いしたい（Scheler 1954: 260）。

シェーラーが言う「現象学的事実」に基づけば、他者の情動は知覚できるように思われる。笑っている顔を見れば楽しんでいるのがわかるし、涙を見れば悲しんでいるのがわかるだろう(5)。こうしたことは他者の情動に限らずさまざまな高次性質についても言えるように思われる。われわれは普段、トマトが見えるとかあの人が悪事を働いたのを見たと言ったりする。このように、われわれの普段の意識的な知覚を一人称的な観点から記述してみれば、われわれが知覚できるのは単なる低次性質の集まり（「身体的感覚の複合体」）だけでなく、高次性質も知覚可能であるように思われるのである。

さらに現象学的見解は、低次性質が本当に「与えられている」ものなのかと疑う理由も与えてくれる。たとえば、ハイデガーは次のように述べている。

私が見ているのは、講壇そのものであり、感覚や感覚データといったものではない。つまり、私には感覚についての意識が一切ないのだ。だが私は茶色をつまり茶の色を見ている。しかしそれを茶色－感覚として、つまり私の心理的プロセスの一契機として見ているのではない。私は茶色のものを見ているが、それは講壇との統一的意味連関のうちでである。しかし私は講壇を構成しているすべてのものを捨象することができる。つまり単なる茶色感覚を残してすべてをぬぐい去ってしまうことができ、茶色感覚それ自体を対象とすることができる。そのとき茶色感覚は第一義的に与えられたものというかたちを取る（Heidegger 1987: 邦訳 92–93）。

ハイデガーによれば、われわれにまずもって与えられるのは、講壇性などの高次性質を伴った対象であり、そうした高次性質から分離された低次性質（「感覚データ」）ではない。茶色さは講壇がもつものとして経験されるのであって、茶色さだけが単独で経験されているわけではないのである。つまり、低次性質が（センスデータ説が挙げていたような）高次性質を推論・解釈する心理的プロセスを経る前のものとして経験される場合はないのだ。確かにわれわれは、低次性質を高次性質から切り離し、あたかも純粋な低次性質だけが与えられているように考えることができる。だがハイデガーによれば、純粋な低次性質は、そうした態度をとることによって作られるような**理論的構築物**でしかない。つまりそれは、特定の理論的態度に基づいた操作を行ったときに経験されているかのように思われるものなのである（以上の論点は荒畑 2009: chap. 1 sec. 2 でより詳しく扱われている）。

この考えからすると、センスデータ説は、知識の確実な基礎を求めるあまり、われわれの普段の経験のあり方を歪めてしまっていると考えられるだろう。(6) むしろ、普段の経験を一人称的観点から記述してみるなら、高次性質は明らかに知覚可能だと考えられるのではないか。

だが、こうした現象学的事実を鵜呑みにすることもできない。というのも、高次性質が知覚不可能であっても、われわれは高次性質についての思考をもつことができるからである。ひょっとすると、一人称的観点からの経験の記述は誤っているかもしれない。たとえば、実際には高次性質の経験には推論や解釈が介在しているのだが、われわれはそれに気づかなかった（あるいは、そもそもそれに気づく能力を欠いている）だけかもしれない。この可能性を排除するためには、われわれが自身の経験を記述する能力は、経験の本性を明らかにするということを前提としなければならない。つまり、自分がいまもっている経験が知覚だけなのか、あるいは推論・解釈を含むのかは、自分にとって完全に明らかだと主張しなければならないのである。だが、われわれがこうした能力をもっているかどうかは定かではないし、さらに言えば、もしもっているなら、そもそも高次性質が知覚可能かについての議論が生じることもなさそうである。

また、高次性質は「知覚可能性が簡単には認められないもの」という雑多な性質の集まりであることも問題になる。前節で述べたように、知覚可能性を主張するうえで問題になる事柄は、それぞれの高次性質ごとにかなり異なっており、さまざまな高次性質の知覚可能性が単一の理由によって支持されることはなさそうだ。しかし、一人称的観点からの経験の記述は、そうした違いを無視して、すべての高次性質の知覚可能性を一挙に支持してしまうようなものであり、その点で疑わしいのである。さまざまな事柄にあてはまってしまう説明は、それだけ実質のない説明だと言えるだろう。

したがって、現象学的事実は、それに訴えて問題が解決できるようなものというよりも、「高次性質が知覚可能である」という簡単には認められない主張を認めるための地ならし、動機づけになるものだと考えたほうがいいだろう（現象学的見解については第３章でもう一度検討する）。

ここまで、知覚可能性に関する二つの哲学的見解をみてきたが、いまのところどちらも決め手に欠けているように思われる。哲学的な考察では答えが出ないため、ひょっとすると、知覚可能性の問題に答えを与えるのは経験科学だと考えられるかもしれない。

経験科学

心理学や認知科学の教科書をみてみれば、「感覚器官に刺激が到達したときに感覚が生じ、それらに何らかの意味づけを行うことによって知覚が成立する」といった説明が頻繁にみられる。そこで知覚と言われているものには、これは犬である、これは机であるといったものの認識が含まれるため、一見すると、こうした説明は高次性質の知覚可能性を認めているようにみえる。

しかし、ここでの「知覚」は実際のところかなり曖昧である。前節で知覚と信念・判断を区別したが、教科書的な説明ではその区別がきちんとなされておらず、「知覚」を「知覚に基づいた信念・判断」と置き換えても遜色がない場合が少なくない。また、意味づけがなされた知覚となされていない感覚という区別は、（現象学的見解が否定していた）純粋な低次性質とそれについての解釈という過程が存在することを認めているようにもみえる。あるいは、こうした感覚／知覚の区別は単なる操作的定義であるかもしれない。そのため教科書的な見解は、これまで述べてきた高次性質の知覚可能性について何か積極的な見解を提示しているようにはみえない。

とはいえ、経験科学において高次性質の経験に関わる研究が行われていることは確かである。たとえば、脳には顔に選択的に反応する紡錘状回《ぼうすいじょうかい》（fusiform face area）という領域があることが知られているが（Kanwisher 2006）、これは顔性という種性質の経験に関わる神経相関項だと言えるだろう。また美的経験に関しても、それに対応するような領域があるのではないかと示唆されている（Ishizu and Zeki 2013）。他の高次性質についても、それぞれの神経相関項がそのうち発見されるかもしれない。

ここで、神経相関項を探し出す研究を使えば、知覚可能性の問題に答えが出せると思われるかもしれない。たとえば、ある高次性質の経験の神経相関項が知覚システムの一部であったならば、その経験は知覚だということになり、信念や判断といった認知システムの一部だったならば知覚ではないことになるのではないか。そうであるなら、高次性質が知覚可能かどうかという問題は、哲学ではなく、神経相関項を発見する経験科学の探求によって解決される問題だと考えられるのではないだろうか。

だが、こうした考えはうまくいきそうにない。というのも、どの脳領域にどの経験が対応しているかは、脳活動をみているだけではわからないからである（以下の論点はマズロアー［Masrour 2011］が指摘したものである）。

脳領域と経験の対応問題を理解するために、現代の知覚に関する科学において有力な考えをみてみよう。それは、心をコンピュータの情報処理とのアナロジーで理解する認知科学のモデルである。たとえばデビット・マーは、心が行う情報処理を、⑴計算理論、⑵表象・アルゴリズム、⑶ハードウェアへの実装、の三つのレベルに分けて説明している。第一の計算理論レベルでは、計算の目標がどのようなものであり、なぜその計算が適切なのか、その計算を実行可能にする戦略はどのようなものかが説明される。第二の表象・アルゴリズムレベルでは、そうした計算への入出力、そしてそのあいだの変換アルゴリズムが具体的にどのようになっているかが説明される。そして第三のハードウェアへの実装レベルでは、そのアルゴリズムがどのように物理的に（とくに、神経レベルで）実現されているかが説明される。

マーによれば、これら三つのうち情報処理にとって重要なのは最上位の計算理論である。というのも、知覚がどのような役割を果たし、そのためにどのような計算を行うのかが確定されなければ、その計算を行うためのアルゴリズムが特定されることもないし、そのアルゴリズムがどのような仕方で実現されているかも決められないからである。

こうしたアプローチはトップダウンの分析と呼ばれるが、その分析を説明するなかでマーは次のように述べている。

神経細胞の研究だけで知覚を理解しようという試みは、羽の研究だけで鳥の飛行を理解する試みと同じく、まったくうまくいかない。鳥の飛行を理解するためには空気力学を理解する必要がある。そうして初めて、鳥のさまざまな羽の形が理解できるのだ（Marr 1982: 27）。

マーによれば、神経細胞の活動をみただけでは、その神経細胞がどのような役割をもっているかを知ることはできない。神経細胞はハードウェアであるが、それがどのような役割をもつかは、どのような計算理論やアルゴリズムを想定しているかに依存して理解されるからである[7]。

また、特定の神経活動が担っていると考えられる役割の候補はかなりの数を想定することができるので、神経活動だけではそうした候補から一つを選び出すのは困難である。こうした理由から現在の認知科学はトップダウンの分析が主流になり、解剖学的な研究からかなり離れた、抽象的で理論的な考察が行われるようになっている（山口 2009: 131–133）。

トップダウンの分析が一定の成功を収めていることから、脳や神経の活動に訴えれば高次性質の知覚可能性に決着がつくという考えに困難があることがわかる。何らかの高次性質の経験をもったときに活動する脳領域があること、つまり、その経験の神経相関項は、さまざまな手法で知ることができるだろう。しかし、その活動をみただけでは、それがもつ機能は特定できない。というのも、脳のそれぞれの部分がどのような機能をもつか（どのような計算を行っているか、知覚的なものかそうでないか）は、より上のレベルに基づいて理解されるものだからである。そのため、特定の高次性質の神経相関項を発見したとしても、その活動をみるだけでは、そこが行っている計算が知覚的なものかどうかは判定できないのだ。

むしろ、知覚や推論といったさまざまな経験に応じて脳領域を切り分けるためには、そもそも知覚や推論がどのような対象を捉えるようにできているかという理論的な問題に一定の見解が与えられていなければならない。そしてこの問題は、まさしくここで検討している知覚可能性の問題である。そうであるなら、神経相関項に訴えて高次性質の知覚可能性に決着がつくどころか、むしろ話は逆である。つまり、高次性質が知覚可能であるとすれば、高次性質の経験の神経相関項は知覚システムに属すると理解されるようになり、知覚不可能だとすると非知覚的なシステムに属すると理解されるようになるだろう。したがって、経験科学的な探求を行うためにも、知覚が何を捉えられるようにできているかについての理論的ないし哲学的考察が必要とされるのである。

3　この問題を問う意義はあるのか

ここで次のような疑問が浮かぶかもしれない。経験科学の探求に哲学が必要だとしても、哲学内部では意見が分かれている。分析哲学のように知識の基礎という側面を強調すれば知覚可能性は低次性質のみに制限されるが、現象学のように一人称的に記述される側面を強調すれば高次性質は知覚可能なものだと考えられる。だが、どちらかだけを特別視することはできない。知覚には確かにどちらの側面もあるのだ。一つはっきりしているのは、ある目的で知覚を特徴づければ高次性質は知覚可能だとみなされ、別の目的で特徴づければ知覚不可能だとみなされるということである。そうすると、高次性質が知覚可能かどうかは目的や関心の設定次第であるようにも思えてくる。しかし、そうした目的や関心を離れて、高次性質が知覚可能かどうかについて事の真相などあるのだろうか。結局のところ、知覚可能性の問題は、何を「知覚」と呼ぶのか、という単なる言葉上の問題なのではないのだろうか。

また別の疑問も抱く人もいるかもしれない。以前に、知覚可能性の問題は知覚と思考を区別したうえで問われなければならないと述べたが、高次性質についてはそもそもこうした区別が成り立たないかもしれない。というのも、知覚と思考が異なることを示す例としていつも挙げられるのは、ミュラー・リヤー図形の長さの錯覚など、低次性質に関するものだからである。そうした例から、低次性質については知覚と思考が異なることがわかる。だが、高次性質についても同じことが言えるのだろうか。むしろ高次性質は、知覚とも思考とも言えないような曖昧な心的状態によって捉えられているのではないだろうか（ここで観察の理論負荷性やニュールック心理学が思い出されるかもしれない）[8]。そうであるなら、信念・判断とは区別された知覚が高次性質を捉えられるのかという問いは、そもそも問題設定を誤っていることになるだろう（ローグ［Logue 2013］はこの種の懸念を表明している）。

だが、こうした悲観的な見解はいきなり動機づけられるものではない。確かに、さまざまな考察を行ってもどうにも結論が出なかった場合には、ここで懸念された可能性がもっともに思えてくる。だが、さまざまな考察を行ってみなければ、この懸念が選択肢として浮上することもないのである（この点はローグも認めている）。そのため、この見解は最後までとっておこう。

さらに、次の二点にも注意が必要である。一つめは、前述の分析哲学と現象学の見解は、かなり極端なものだということである。センスデータ説は知覚と知識との関係を過度に強調し、知覚はつねに知識の確実な基礎になると主張している。他方で、現象学的見解は、一人称的な観点を強調し、すべての高次性質は知覚されていると主張している。だが、どちらも他の観点を考慮しておらず、知覚についての包括的な理解を与え損なっているかもしれない。しかし、さまざまな観点を考慮した包括的な考察を行えば、高次性質が知覚可能かどうかについて答えが出るかもしれない（それぞれについては第3章と第4章で再び詳しく取り上げる）。

二つめは、（すでに少し触れたが）前述の分析哲学と現象学の見解は、どちらも、さまざまな高次性質の知覚可能性を一挙に肯定／否定してしまうほど大雑把なものだということである。しかし、本章の冒頭で述べた通り、「高次性質」は「その知覚可能性が簡単に認められないもの」という非常に緩い基準でまとめられたものなので、すべての高次性質の知覚可能性を一挙に肯定／否定する議論は作れそうにない。個々の高次性質ごとに異なる議論が必要とされるはずなのだ。そうした個別の検討の結果、特定の高次性質については、知覚可能かどうかについて明確な答えが出るかもしれない。

だがそれでも、さらに次のような意見があるかもしれない。実際のところ重要なのは、ある対象を知覚したときにどのような判断が下されるかということであって、その知覚と判断とのあいだが正確にはどうなっているかを突き止める必要はないのではないか。以前に述べた通り、仮に高次性質が知覚不可能でも、高次性質についての判断が可能であることは誰も否定しない。これが認められるならそれで十分ではないか。むしろ重要なのは、たとえば、どの程度まで犬っぽさを残した絵を提示したとき「これは犬だ」という判断が生じうるのか、どういった表情を見たときに「この人は怒っている」と判断するのかということではないか。つまり、提示される対象と最終的に成立する信念・判断の関係の方が大事だと考えられるのである。こうした入力と出力の関係がわかれば、たとえば、人が何かを知覚したときにどのように行動するかをおおよそ知ることができる。しかし、入力と出力のあいだで、どこまでが知覚でどこからが非知覚的なのかを明らかにすることはあまり重要ではないと思われるかもしれない。その区別はブラックボックスのままでも構わないのではないか。

ここで生じているのは**方法論的な問題**である。つまり、この問題を問うことに何の意義があるのか、こんなことを研究して何になるのか、という疑念が向けられているのだ。こうした疑念を払拭するためには、知覚可能性を問うことの意義が明確になるような仕方で問題を設定し、そのうえで、その問題に答える必要がある。つまり、答え方だけでなく問題の立て方にも工夫が必要なのである。

この課題に対して本書は次のように答えたい。知覚と信念・判断の境界線をどこに引いても実質的な違いが出てこないなら、確かに、知覚可能性の問題はあまり重要ではない。だが、**高次性質の経験が知覚とみなされると、そうみなされない場合には生じない興味深い主張が支持されることになるだろう。**

4　知覚理論から存在論と認識論へ

この点を理解するためには、そもそも知覚とはどういうものかをあらためて考えてみるのがいいだろう。序論でも述べた通り、知覚はわれわれが世界と直接接触する第一の手段であり、**知覚によってわれわれは世界にどのようなものがあるかを知ることができるようになる**。つまり知覚は、世界に何が存在するのかを探求する**存在論**と、われわれは何をどのようにして知るのかを探求する**認識論**を橋渡しするような、特別な心的状態だと考えられているのである。たとえばストローソンは、エイヤーの『哲学の中心問題』に言及するなかで次のように述べている。

エイヤーはつねに知覚の問題を自身の思索の中心に据えていた。それはもっともなことである。というのも、知覚の問題に対する哲学者の見解は、その人の知識についての理論一般と形而上学の両方にとって重要だからだ（Strawson 1979: 151）。

知覚についての考察が哲学の中心を占めるものであり、知覚についての見解が存在論（形而上学）や認識論（知識についての理論）にとって重要であるなら、知覚可能性を考察して得られる成果は、存在論や認識論に影響を与えうるはずである。では、高次性質が知覚可能だとみなされた場合に出てくる影響とはどんなものだろうか。

存在論への影響

存在論への影響は次のようになる。すなわち、高次性質が知覚可能であるなら、知覚不可能な場合に比べて、**客観的な環境の側に属しているものの種類が多いと考えられる**のである。

この影響を理解するのはそれほど難しくない。というのも、（錯覚や幻覚を除けば）知覚によって意識に現れるものは客観的な環境に属するものだということは、ある意味当然だからである。たとえば、ポストを知覚したときにポストが意識に現れるが、そのポストは環境に存在している。そのポストは、知覚されていなくとも環境に存在しており、知覚主体がいなくなると同時に消えてしまうような主観的なものではない。われわれが知覚するものは、主体ではなく、客観的な環境の側に属しているだろう。

だが、「客観的な環境の側に属する」ということについては少し注意が必要である。本章第1節で低次性質には一次性質と二次性質があると述べたが、それらは存在の仕方が異なっていると考えられている。二次性質に分類される色やにおいといった性質は、形や大きさといった一次性質とは異なり、関係的な性質だと言われる。というのも、主体があるものを知覚したときにどのような色がその主体の意識に現れるかは、部分的に、主体のあり方に依存しているからだ。たとえば、人間と犬とが同じポストを見たとき、人間には赤さが知覚されるが、犬には鮮やかな赤さは知覚されず、くすんだ色が知覚されると言われている。こうした違いが生じるのは、人間と犬がもつ色覚システムが異なっているからである。錐体《すいたい》細胞と呼ばれる色の知覚に関わる視細胞の種類が、人間は三種類あるが犬は二種類しかないのだ。また、人間より錐体細胞の種類が多いために、人間と同じ対象を知覚しても、人間とは異なる色を知覚する動物もいる。他方で、形や大きさといった一次性質についてはこうした相対性はみられない（と言われている）。

こうした相対性を考慮すると、ポストが本当にもっている色はどれなのかということが問題になるかもしれない。だがそれでも、人間にとってポストが赤く見えるということは客観的な事実であり、ポストは人間に赤さの知覚を引き起こす性質を客観的にもっているとは言える。ポストは、人間に知覚されていないときでもこうした性質をもっているだろう（犬にくすんだ色を知覚させる性質も同様である）。知覚可能性からは、少なくともこうした意味での客観性が主張できるのである。

もし高次性質が知覚可能であるなら、高次性質についても同様の可能性が示唆される。つまり、高次性質も、少なくとも色と同程度には、客観的な環境に属していると主張する余地が出てくるのだ。

高次性質が環境に属するということは、一見すると当然だと思われるかもしれない。というのも、犬は明らかにわれわれからは独立して犬性をもっているし、人間は他の人に見られていないときでも何らかの情動をもっているからである。この主張の重要性を理解するためには、不在や美的性質といった、本当に環境に属しているのか疑わしいものを考えてみるといいだろう。

たとえばサルトルは、不在は期待の産物であると述べている。

非存在はつねに人間の期待のうちに現れるものだということは自明である。私が一三〇〇フラン**しかない**と気づくのは、一五〇〇フランあると期待しているからである（Sartre 1969: 38）。

サルトルによると、一三〇〇フランしかない（二〇〇フラン足りない）ことは、知覚されたのではなく、期待と実際に知覚された場面とを比べてわかることである。何かがないと気づくことを説明するために期待をもちだすのはかなり説得的だろう。というのも、すでに述べた通り、知覚が捉えられるものは〈ある・起こっている〉ものだけだと考えられるからだ。

だが、われわれが不在に気づくすべての場合でこうした期待が介在しているのだろうか。ひょっとすると、ある場合には、期待を介さず、〈何かがない・起きていない〉という否定的な事態が知覚されるかもしれない。その場合、否定的事態は知覚可能なものとして環境に属していることになる。そうすると、環境ないし世界の構成要素は、〈ある・起こっている〉という肯定的な対象・事態だけではないことになるだろう（たとえば、Sorensen 2008）。

また、われわれは自然風景や芸術作品を鑑賞したときに優美さやダイナミックさといった美的性質を経験するが、こうした経験が知覚であるなら、優美さやダイナミックさは知覚されうるものとしてその対象がもっていることになる。美的性質は主観的な印象ではなく、芸術作品がもつ客観的な性質だと考えられるのだ（たとえば、Levinson 2001）。

重要なのは次の点である。こうした影響は、高次性質の知覚可能性が認められたときに出てくるものであって、高次性質についての思考をもつことが可能ということからは出てこない、ということだ。というのも、信念や判断によって捉えられている対象が環境に属するとは限らないからである。たとえば、われわれはペガサスについての何らかの信念をもったり判断を下したりするが、ペガサスは環境に存在しているわけではない。何かについての思考をもつことができるということは、その対象が客観的な環境に属するという考えを支持するわけではないのである。他方で、知覚の場合にそれが支持されるのは、そもそも知覚が環境に存在するものを捉える働きだからである。

このように、高次性質が知覚可能であるなら、高次性質は知覚されていないときでも環境に存在する客観的なものだという考えが示唆される。他方で、知覚不可能だと判明した場合、知覚可能なものとして環境にあるのは低次性質だけということになるだろう。したがって、高次性質が知覚可能であると判明した場合、知覚不可能であると判明した場合に比べて、客観的な環境に属するものの種類が多いと考えることができるのだ。

この影響は、当然ながら、より一般的な存在論的考察にも影響を与えうる。たとえば、もし高次性質が知覚可能であるなら、高次性質が客観的な環境に属することを認められないような理論は誤っているということになるかもしれない。したがって、高次性質の知覚可能性は、存在論一般にとっても興味深い問題なのである。

認識論への影響

高次性質の知覚可能性から認識論に与えられる影響は次のようになる。すなわち、高次性質が知覚可能である場合、知覚不可能な場合に比べて、**知覚によって直接的に正当化されうる信念・判断の種類が多いと考えられる**のである。

われわれは何かを知覚することによって、自分の環境に何があるか、何が起こっているかについての信念をもつ。たとえば、赤いものを見れば、目の前に赤いものがあると信じるようになるだろう。もちろん、この信念は知覚以外の理由から否定されることがある。たとえば、前述のミュラー・リヤー図形が錯覚を引き起こすと知っていれば、二本の線分の長さが異なるという視覚経験を鵜呑みにはしないだろう。しかし、その図が錯覚を引き起こすことを知らない人の場合、二本の線分の長さが異なると信じることは理にかなっている。こうした意味で、知覚は、信念や判断に**一応の**(prima facie) 正当化を与えると言われる[9]。

さらに、知覚による正当化は**直接的**あるいは**非推論的**だと言われる (Pryor 2005)。たとえば赤いものを見た場合、まさにその視覚経験のみによって、「目の前に赤いものがある」と信じることに一応の正当化が与えられる。その信念が正当化されるために、赤いものの知覚以外は必要とされないのである。

こうした点を踏まえて高次性質について考えてみよう。たとえばトマトを見たとき、「赤くて丸いものがある」、「トマトがある」といった信念をもつだろう。赤さや丸さといった低次性質が知覚可能であることは問題なく認められるので、前者の信念は知覚によって直接正当化されていることになる。だが、種性質の知覚可能性を認めるかどうかに応じて、後者の信念の正当化に違いが出てくる。もしトマト性が知覚可能であるなら、「トマトがある」という信念はトマト性の知覚によって直接正当化されていることになるだろう。他方で知覚不可能である場合、その信念が正当化されるためには、主体が「こうした赤さや丸さをもつものはトマトである」といった信念をもっており、なおかつ、後者の信念も正当化されていることが必要とされるのである。

より一般的に言えば次のようになる。高次性質が知覚不可能であるなら、環境にある事物を知覚した際にもつ信念のなかで、知覚によって直接的に正当化されうるのは、低次性質についてのものだけだということになる。他方で高次性質が知覚可能であるなら、高次性質に関する信念も知覚によって直接的に正当化されうることになるだろう。したがって、高次性質が知覚可能であるなら、知覚可能でない場合に比べて、直接的に正当化される信念の種類が多いと主張する余地が出てくるのだ。

こうした影響の重要性を理解するためには、美的判断について考えてみるのがいいかもしれない。カント以来多くの美学者に受け入れられてきた見解として、美的判断は規範性ないし普遍的妥当性をもち、他の人も受け入れられるようなものでなければならないという考えがある。こうした規範性の一つの解釈は、美的判断は正しさを問える、というものである（Zangwill 2003）。つまり、正しい美的判断は他の人にも受け入れられるべきものだが、誤った判断はそうではないということだ。とはいえ、こうした考えは規範性を正しさに言い換えたにすぎず、結局のところ何が正しさの基準を与えているのかがまだ説明されていない。だが、美的性質が知覚可能であるなら、その基準は知覚によって与えられると主張することができるだろう。たとえば、赤いものを見たときには「これは赤い」と判断するのが正しく、「これは青い」という判断は誤っているが、それと同様に、優美さをもつ対象を見たときには、優美さの知覚に基づいて下される「これは優美だ」という判断が正しく、「これはけばけばしい」という判断は誤っていると考えられるだろう。つまり、美的判断が美的性質の知覚によって直接的に正当化されているなら、美的判断の正しさの基準は知覚がもつ正しさの基準によって与えられると主張することができ、それによって美的判断の規範性がどこから来たのかという問題を解決する一つの方針を与えることができるのである。他方で、もし美的性質が知覚不可能であり、美的判断は推論的にしか正当化されないものであるなら、規範性の源泉は別のところに求める必要が出てくる。

最後に、経験論と生得説に関する論争に触れておこう。おおまかに言えば、経験論とは、人間は生まれたときには何の概念や知識ももっていないが、知覚などの経験を通してさまざまな概念や知識を獲得するという立場である。他方で生得説は、さまざまな概念や知識は生得的に獲得されていると主張する立場である。より最近の言い方を用いるなら、それらはあらかじめ脳に実装されていると主張する立場だ（生得的な概念や知識が利用可能になるためには経験が必要だろうが）。

経験論にしばしば向けられる反論として、知覚に基づいた知識だけではわれわれが実際にもっている知識に対して少なすぎるのではないか、というものがある。だが、そうした批判があるのは、低次性質の知覚可能性のみを認める経験論が念頭に置かれているからである。だが、もし高次性質が知覚可能であるなら、高次性質についての信念も知覚によって直接正当化されると主張することができ、直接正当化される信念を増やすことで経験論を維持する可能性が開けるだろう（Sillins 2013）。たとえば、もし美的性質や道徳的性質といった価値が知覚可能であるなら、価値についての知識は知覚を通して獲得されると言えるかもしれない。価値に関する経験論と生得説の論争は知覚可能性の問題とは独立に議論されているが、価値の知覚可能性は経験論を支持する手がかりを与えることになるだろう。反対に、もし価値が知覚不可能だと判明すると、生得説が後押しされるかもしれない。

課題の設定

知覚可能性の問題そのものは、「知覚はどれだけのものを捉えられるのか」という知覚の本性についての問いである。こうした表面上の問題をみただけでは、この問いにどのような意義があるのかがわかりにくいかもしれない。だが、高次性質の知覚可能性からは、存在論・認識論一般に対する興味深い影響がもたらされうる。知覚可能性は、世界のなかにどのようなものがあるか、われわれはどのようにして世界を知るのかという、より大きな問題に新たな選択肢を提示するのである。

問題の意義をこのように特徴づけると、高次性質の知覚可能性を主張する理論が果たさなければならない課題が明らかになる。それは、**高次性質の知覚可能性を主張する理論は、存在論と認識論へ影響を与えうるものでなければならない**というものだ。言い換えると、こうした影響を与えられない仕方で高次性質の知覚可能性を主張しても、その理論にたいした意義はないということである。そうした知覚理論は、知覚と思考のあいだはブラックボックスでも構わないと主張する人にとってまったく重要なものではない。その理論では、この問題はどうでもいいと考える人に問題の重要性を理解させることはできないのである。

冒頭で述べたように、高次性質に分類されるものはさまざまあるが、本書では、不在や美的性質といった、客観的に存在しているかどうか疑わしいものの知覚可能性を擁護することに焦点を合わせたい。というのも、そうしたものの知覚可能性から導かれる存在論的・認識論的影響はとくに明らかだと思われるからである。

とはいえ、これらの知覚可能性を主張するためには、すでに議論されている他の高次性質をみてみるのがいいだろう。それによって、（個別のものではなく一般的に）高次性質が知覚不可能だと考えられる理由は何か、そして、そうした理由を乗り越えて知覚可能性を主張するためにはどのような方針が必要となるかを理解する手がかりが得られるはずである。

だが、知覚可能性に関する議論をみるためには、そうした議論に登場する知覚の哲学の基本トピックを理解しておく必要がある。そのため次章では、知覚の哲学の基本を一通り概説しよう。

註

（1）「美的」性質という名前は、〈優美である〉や〈優雅である〉など、肯定的な反応をもたらすものという印象を与えるかもしれない。しかし、本書が扱う美的性質には、〈けばけばしい〉や〈ごてごてしている〉といった否定的な反応をもたらすものも含む。

（2）行為可能性 Gibson（1979), Nanay（2011a, 2011b, 2012a, 2012b).
意味 Brogaard（2016), Matey（2013), O'Callaghan（2011), Siegel（2010).
因果関係 Butterfill（2009), Michotte（1963), Siegel（2010).
道徳的性質 Audi（2013), Cowan（2014), Cullison（2010), McBrayer（2008), McDowell（1985), 河野（2007).

（3）相対性が問題になる点は共通するが、どの程度まで許容するかには違いがある。たとえば、自分にはけばけばしいと思えるものを友人が優美だと感じても、それは好みだからしょうがないと思うかもしれない。だが、友人が動物をいじめるのが好きだと言ったら考えを改めるように説得するだろう。道徳的性質の方が強い規範性を要求するようにみえるのだ。

（4）本書ではとくに重要にならないが、ここで信念と判断の区別について説明しておこう。両者には明示的に抱かれているかどうかという違いがある。たとえば「トマトの色は？」と聞かれた場合に「トマトは赤い」という思考を明示的に抱く。それが「トマトは赤い」と判断している場合である。他方で、こうした明示的な思考を抱いていない場合でも、聞かれれば「トマトは赤い」と答えられるような状態にある。そうした意味で抱かれていると言えるのが信念である。

（5）ウィトゲンシュタインも同様のことを述べている。
「〈われわれは情動を**見る**〉――これは何と対比されているのか――われわれは、歪んだ顔を見て、それから彼は喜びや悲しみや退屈を感じていると**推論する**わけではない。われわれはすぐさま、彼の顔を悲しげな、幸せそうな、退屈したものと記述する。その顔の特徴に他の記述を与えることができない場合でもそうだ。いわば、悲しみは顔の中に擬人化されているのである（Wittgenstein 1980: §570）」。

（6） ストローソンも同じ問題を指摘している。

「哲学の訓練を受けていない人が窓の外をぼんやり眺めているとしよう。その人に「あなたがいまもっている視覚経験を記述してください」……と言ったとする。……彼はおそらく「エルムの木の厚く生い茂った黒い枝のあいだから夕日の赤い光がこぼれているのが見える」、「まだら模様の鹿の群れが青々として草を食べているのが見える」等々と答えるだろう。……彼は光や色、断片やパターンについて語ったりしない。というのも、もしそうすれば自分が実際にもった経験の性格を改ざんすることになるとわかっているからだ（Strawson 1979: 43）」。

（7） 実際のところ、神経細胞の研究のみでは決してうまくいかないという上記のマーの主張は少々大げさだろう。というのも、神経細胞についての解剖学的な研究からボトムアップに提案されている計算理論もあるからだ（Zeki 1993: 邦訳 118–121）。

（8） 一九六〇年前後の観察の理論負荷性やニュールック心理学に関する議論では、知覚は知識からの影響を受けて変化するものであり、そのため、思考と知覚の明確な境界はないと言われていた。こうした話題は知覚のモジュール性に関する議論が盛んになった八〇年頃にはなりを潜めていたが、近年また復活している。最近では「認知的侵入可能性（cognitive penetrability）」という名称で議論されている（Pylyshyn 1999; Raftopoulos and Ziembekis 2015）。

（9） ただし、ある信念をもつことが正当化されるからといって、主体がその信念を実際に受け入れるとは限らない。このような正当化は、状況的（situational）ないし命題的（propositional）正当化と呼ばれる。それに対して、信念的（doxastic）正当化には、信念が状況的に正当化されているのに加えて、主体がよい理由をもって実際にそれを受け入れる（信じる）ことが必要とされる。そして、知覚によって与えられる正当化は前者のものだと考えられている（Audi 2010: 2）。

第2章　知覚の哲学の基本

序論で述べた通り、知覚可能性の問題は「知覚経験の許容内容」という名称で議論されているが、「**許容内容**」という用語は、知覚経験が表象内容をもつと考える**表象説**を前提としている。表象説は現在の（分析哲学的な）知覚の哲学において広く受け入れられている立場であり、許容内容に取り組んでいる研究者の多くも表象説を採用している。

表象説はセンスデータ説に取って代わって現在最も人気を集めている知覚理論である。また、センスデータ説から表象説への移行は、許容内容が注目を集めるきっかけの一つにもなっている。そのため本章では、センスデータ説から表象説への移行を主軸としつつ、それに関連する知覚の哲学の動向を一通り説明することにしよう。本章で取り上げるトピックを理解すれば、現在の知覚の哲学の様子をおおよそ知ることができる。

1　幻覚論法とセンスデータ説

現代の知覚の哲学はセンスデータ説に始まると言っていいだろう。前章でセンスデータ説を説明したときには、知識の確実な根拠を知覚に求めるという認識論的目的を強調していた。ここでは存在論的側面も踏まえつつ、センスデータ説とその問題点を説明しよう。

知覚経験

まずは**知覚経験**（perceptual experience）という用語を導入しておこう。知覚の哲学における「知覚経験」は、正しい知覚（veridical perception）・錯覚（illusion）・幻覚（hallucination）に中立的なものとして使われる。

たとえば、目の前に赤い対象があるように見え（赤い対象が意識に現れ）ている場面を考えてみよう。この場合、「赤い対象についての知覚経験をもっている」と言われる。主体がこの経験をもつときに、実際に目の前に赤い対象があるなら、その知覚経験は正しいまたは真正なものだと言われる。「正しい／真正な」と訳される英語の「ヴェリディカル（veridical）」は、真実や事実との一致という意味をもっている。知覚経験が正しいのは、知覚経験のあり方と世界の実際のあり方が一致している場合なのだ。

他方で、一致しなかった（ヴェリディカルでない）ケースは、錯覚と幻覚に分けられる。錯覚は、自分にそう見える対象のあり方と対象の実際のあり方が一致していないケース、つまり、対象がもつ性質について誤っているケースである。たとえば、目の前に青い対象があるように見えるが、その対象は実際には赤い場合などがそうである。これに対し幻覚は、存在していない対象が意識に現れているケースである。たとえば、青い対象が目の前にあるように見えるのに、実際にはそうした対象がそもそもない場合がそうである。

哲学の文献では「知覚経験」が「経験」と省略されることも多いが、本書ではきちんと「知覚経験」と表記することにしよう。というのも、本書はどこまでが知覚経験なのかを問題にしているからである。それを考えるうえでは、「経験」という用語を知覚経験なのかどうかに関して中立的に用いて、「ある絵画を見て美しさを経験するとき、その経験は知覚経験なのか、それとも別種の経験なのか」といった表現を用いるのがいいだろう。また、「経験」は意識的な状態、つまり、一人称的な観点から知ることができる心的状態を指している（前章で登場したサブパーソナルな計算過程は、心的状態だが経験ではない）。こうした用語法は本書全体を通して用いる。

幻覚論法

では、センスデータ説を説明しよう。センスデータ説は、正しい知覚と言われる事例でも錯覚や幻覚と言われる事例でも、知覚経験をもつ主体の意識に現れるのはセンスデータという心的対象だと主張する。素朴な直観からすると、むしろ、知覚経験において意識に現れるのは外界に存在する物理的対象とその性質だと考えられるだろう。こうした素朴な考えは**素朴実在論**（naïve realism）と呼ばれるが、それを否定するのがセンスデータ説である。素朴実在論を否定する議論はいくつかあるが（Fish 2010: chap. 2 を参照）代表例は**幻覚論法**である。

第1章でも触れた通り、センスデータ説の支持者は、まず、錯覚や幻覚といった誤った知覚経験を取り上げる。たとえば、青さが意識に現れているにもかかわらず、それに対応する対象が外界にない幻覚を考えてみよう。こうした事例についてセンスデータ説の支持者は、たとえ幻覚であっても、このときの主体の知覚的意識には青さという性質が実際に現れていると主張する。というのも、このとき主体は「青いものがある」という信念をもつと考えられるからだ。このとき、「緑のものがある」や「赤いものがある」という信念をもったとしても、「青いものがある」と同じく、主体は誤った信念を抱いたことになる。だが、なぜ青に関する信念をもったのか。ここでセンスデータ説の支持者は、主体がその信念をもったのは、その信念を形成させるような特定の性質（青さ）が意識に現れたからだと主張するのである（Smith, A. D. 2002: 36）。

次にセンスデータ説の支持者は、「たとえ幻覚であっても、知覚的意識に性質が現れているのだから、そうした性質をもつ何らかの対象が存在するはずだ」と主張する。この主張は**現象原理**（phenomenal principle）と呼ばれる（Robinson 1994: 32）。また、ここで主張されているような、対象が実際に存在していることを含意するような主体と対象とのあいだの関係は**見知り**（acquaintance）と呼ばれる（実際に存在していることを含意しない関係は、後で登場する「表象」である)。センスデータ説によれば、知覚経験とは主体と対象が見知りの関係に立つことであり、見知りの関係が成立するときには必ずその対象が存在しているのである。

しかし、幻覚の場合、意識に現れた青さをもつ対象は外界には存在していない。そこでセンスデータ説の支持者は、意識に現れた青さをもつ対象は、外界の物理的対象ではなく、心的対象だと主張する。それがセンスデータである。このように、幻覚の意識に現れた性質をもつ対象としてセンスデータを導入するステップは**センスデータ推論**（sense-datum inference）と呼ばれる（Smith, A. D. 2002: 25)。

次に注目するのは、正しい知覚と幻覚は**主観的に区別不可能でありうる**ことである。たとえば、青いものが実際に目の前にあって青さが意識に現れている場合と、目の前に何もないのに青さが意識に現れている場合とは、一人称的な観点から区別できない可能性があるということだ。さらにセンスデータ説の支持者は、こうした区別不可能性は何かによって説明されなければならないと主張する。そして、両者が区別できないのはそれぞれの知覚経験を構成している根本的な要素が同じものだからだ、と主張する。この主張は**共通要素原理**（common factor principle）と呼ばれる（Fish 2010: 3)。

では、その共通要素は何だろうか。センスデータ説によるとそれは、主体とセンスデータが見知り関係に立ち、それによってセンスデータが意識に現れることである。幻覚の場合にはセンスデータが意識に現れていたが、それと主観的に区別不可能な正しい知覚でも、主体の意識にセンスデータが現れているというのだ。このようにして、幻覚の例から導入されたセンスデータとの見知り関係が、正しい知覚の場合にも**一般化**される。

ここで素朴実在論が否定される。素朴な直観からすると、正しい知覚の場合にわれわれの意識に現れるのは外界の物理的対象だと思われる。だが、幻覚論法によると、通常「正しい知覚」とみなされるケースでも、意識に現れているのはセンスデータでしかない。知覚経験はすべてセンスデータという心的対象が意識に現れることであり、外界の対象が意識に現れることなどないのである[1]。

幻覚論法をまとめると次のようになる。

(1) 幻覚の場合にも何らかの性質が意識に現れているので、その性質をもつ対象が存在するはずである。(現象原理)

(2) だが、外界には対応する物理的対象がない。そうであるなら、当該の性質をもつ対象は、センスデータという心的対象だと考えられる[2]。(センスデータ推論)

(3) 正しい知覚と幻覚は主観的に区別不可能でありうる。そうであるなら、両者を区別不可能にしている共通の要素があると考えられる。(共通要素原理)

(4) 幻覚の場合に主体の意識に現れるのはセンスデータだった。そうすると、正しい知覚と幻覚の共通要素はセンスデータが意識に現れることだと考えられる。(一般化)

(5) 正しい知覚とみなされるケースでも、意識に現れているのはセンスデータであって、外界の物理的対象は意識には現れない。(素朴実在論の否定)

現実の幻覚症例

ここで、幻覚論法に次のような疑いをもつ人がいるかもしれない。幻覚論法の導入では、青さが意識に現れているがそれに対応するものが外界に存在しないという幻覚が挙げられていた。そうした幻覚が可能であることは認められるかもしれない。また、そうした幻覚が正しい知覚と主観的に区別不可能であるということも可能かもしれない。だが、それはしょせん可能性でしかない。これに対し現実の幻覚は、正しい知覚とはまったく異なったものではないだろうか[3]。たとえば、青いものが浮かんでいる幻覚は他の光景と比べると明らかに不自然であり、そのため異様なことが起きていると気づくことができるだろう。そうであるなら、幻覚論法のステップ(3)は疑わしいように思えてくる。つまり、(3)は可能性としては認められるが、現実には成り立たないのではないか、ということである。ここから、幻覚論法は机上の空論にすぎず、真剣に受け止める必要などないとも思われるかもしれない。

こうした疑念に答えるために、心理学や精神医学で扱われている現実の幻覚症例を使って幻覚論法に説得力をもたせることにしよう。

オリヴァー・サックスの『見てしまう人びと』（Sacks 2012）ではさまざまな幻覚が紹介されているが、なかでも印象的なのはシャルル・ボネ症候群である。シャルル・ボネは一八世紀のスイスの博物学者で、祖父のリュランが（視力が衰えるにつれて）見るようになった幻覚を記録した人物である。その幻覚症状には、色の断片が視界を漂っているものなどの明らかに幻覚だとわかるものもあるが、わからないものもある。たとえばあるときリュランは、孫娘が会いに来た際に一緒に紳士を連れてきたと思ったが、孫娘にその紳士について尋ねると、彼女はそんな人は見えないと述べた。その紳士は幻覚で、しばらくすると消えてしまったのである。

現代のシャルル・ボネ症候群の患者も、こうしたリアルな幻覚を見ることが多い。確かに、色や形のパターンだけが見えたり、目や鼻の位置がちぐはぐな顔が見えたりすることもあり、その場合には、自分が見ているものが幻覚であるとわかる。また、この症候群で経験される幻覚は音を出さないし触ることもできない純粋に視覚的なものなので、そうした点から幻覚かどうかを判定することもできるだろう。サックスも、この症候群の患者は自分が見ているものが幻覚だと判定できることが多いと述べている。だが、幻覚を本物と思ってしまうケースがあることは否定できない。孫娘と一緒に来たように見えた紳士のように、かなり本物らしい幻覚は（数は少ないかもしれないが）実際に存在しているのだ。また反対に、本物を幻覚と思ってしまうケースもある。サックスが言及している現代の患者の場合、窓の外に人が浮かんで見えたのでこれは幻覚だと思ったが、実は窓拭き清掃員だった、ということもあったという（Sacks 2012, chap. 1 note 4）。

こうした事例は、正しい知覚と幻覚が主観的に区別不可能でありうることを示しているだろう。そのため幻覚論法のステップ(3)は現実でも成り立つのである。

シャルル・ボネ症候群からは幻覚論法の他のステップも支持されるかもしれない。まず、シャルル・ボネは祖父には幻覚を見る以外の問題はないと強調しているし、現代の患者の症状も精神的な錯乱や統合失調症などとは区別されている。さらに、この症状の幻覚は、統合失調症に関わる脳領域ではなく、視覚が関わる脳領域の活動によって引き起こされると言われている（ffytche 2013）。これらを考慮すると、幻覚の場合に「目の前に青いものがある」といった信念を抱くのは、主体が錯乱していたり不合理な信念を抱いてしまう状態にあったりするからではなく、まさに、青いものが見えていたためだと考えられるだろう（ステップ１）。すると、そうした場合の主体の意識には青さをもつものが現れていると考えたくなる（ステップ２）。

このようにステップ⑴、⑵、⑶が支持されると、そこからステップ⑷、⑸が導かれるのは不可避であるように思われる。そのため、幻覚論法は現実のケースを使っても作れるものであり、机上の空論だと言って無視していいものではまったくないのだ。

センスデータ説の問題

以上の幻覚論法からセンスデータ説が支持される。だが、よく知られているように、センスデータ説はその理論の核となるセンスデータに関してさまざまな問題が指摘されている。

その一つは、外界についての懐疑論に陥ってしまうというものである。われわれの意識に現れているものが外界の物的対象ではなくセンスデータという心的対象であるなら、われわれがもつ信念のうちで直接正当化されるのは、センスデータが意識に現れているという心的な事実についてのものだけだと考えられるだろう。そうであるなら、外界にどのようなものが存在しているかに関する信念は本当に正しいものなのかと疑う余地が出てくる。その結果、外界についての懐疑論が導かれてしまうのである。知覚経験の対象として措定されたセンスデータは、世界への直接的なアクセスを不可能にする「知覚のヴェール」(Bennett 1971: 69) になるとして、たびたび批判されている。

こうした批判に答えるために、センスデータ説の支持者は、物理的世界についての信念は知覚経験に基づく推論によって知りうると主張する。たとえば、赤いセンスデータが意識に現れているなら、そうした知覚経験を生じさせる原因として、それに対応するような事物が存在すると考えられる。そうであるなら、赤さの知覚経験をもったとき、この経験の原因が外界にあるはずだと推論することで、物理的世界についての信念が得られると主張するのである (Jackson 1977: 142–145; Russell 1912, chap. 2)。

こうした立場は**間接実在論**と呼ばれる。物理的世界は、センスデータという知覚経験の直接の対象を介して、間接的に知られるというのだ。

しかし、間接実在論では、特定のセンスデータを生じさせる外界について無数の候補が考えられうるという点が問題になる。たとえば、実際には黄色いものや青いものがあるにもかかわらず、それを知覚したときにわれわれに赤さの意識を生じさせるような構造が世界の側にあるために、赤さが知覚的意識に現れると考えることも可能である。こうした可能性は特定の色についても無数に想定できるし、味や形など他のすべての知覚可能な事物にも言える。そのためセンスデータ説は、世界がどのように存在しているかについて無数の可能性のなかから特定のものを選ぶ基準がなく、結局のところ懐疑論を払拭できていないと言われるのである (Foster 2000: 229–239)。

こうした問題に直面し、一部のセンスデータ説支持者は、**現象主義**（phenomenalism）という極端な立場に向かうことになる。それは、心とは独立な物理的世界の存在を否定し、世界はセンスデータから構成されると主張するものだ。センスデータは心的対象と考えられていたので、世界はセンスデータから構成されると主張すると、物理的だと思われていた世界は実は心的なものであるという帰結が導かれてしまう。だがそれでも、世界への知覚的なアクセスを確保することができるというのだ（Foster 2000 もちろん、こうした立場の源流はバークリである[4]）。

だが、現象主義にせよ間接実在論にせよ、そもそもセンスデータを導入すること自体に問題があると言われる。まず言えるのは、現在では心的対象を導入すること自体が嫌われる傾向にあるということだ。現在の分析哲学における主要な関心は、序論で述べた通り、心という一見すると物理的でないと思われるものをどのようにして自然科学的世界のなかに位置づけるかという自然主義にあるが、それと心的対象を認める二元論的な考えを両立させるのは非常に難しいのである（一応、自然主義的二元論という立場はある［Chalmers 2010］）。

自然主義から離れてもさまざまな問題が生じる。たとえば、センスデータは心的対象だと言われたが、誰の心に基づくものなのだろうか。自分と他者は異なる心をもつが、自分の意識に現れるセンスデータと他者の意識に現れるセンスデータは別物なのか。もし別なら、自分も他の人も同じものを知覚しているという当たり前の考え（知覚の公共性）が否定されるだろう。また、一人の主体だけを考えてみても、その人が一度目を閉じたあとで見るセンスデータは、目を閉じる前に見ていたものと同一であるのか、という点が問題になる。

ここでセンスデータ説の支持者は、自分も他者も同じセンスデータを知覚しているとか、一度目を閉じた後でも閉じる前と同じセンスデータを見ていると**取り決める**ことができるかもしれない。つまり、センスデータとはそういうものだと言い切ってしまうのだ。だが、そう取り決める良い理由があるかどうかは定かではない。つまりセンスデータ説を維持することとは独立に、そう主張する理由がないようにみえるのだ（Barnes 1965: 143–152）。センスデータは幻覚を説明するために導入されたが、センスデータ自体がどのようなものであるかに関して、十分な説明が与えられていないのである。

ひょっとすると、以上の問題に答えるセンスデータ説も可能かもしれない。だが実際のところ、こうした問題を指摘されることでセンスデータ説は徐々に支持されなくなっていき、現在ではほとんど受け入れられなくなっている[5]。

しかし、センスデータ説に問題があるからといって、幻覚論法を無視していいことにはならない。センスデータ説の問題からわかるのは、センスデータを導入して幻覚を説明すると最終的にうまくいかない、ということでしかない。だが、幻覚の場合にも何かが意識に現れていること、そして、正しい知覚と幻覚が主観的に区別不可能だということには、依然として何らかの説明が必要とされるのである。

これらを説明しつつ、センスデータ説が抱える問題を回避できる有力な候補として登場したのが、表象説である。

2　直接実在論としての表象説

表象説にとって最も重要な主張は次のものである。すなわち、知覚経験は、世界をあるあり方をしているものとして表象し、さらに、表象されている世界のあり方、すなわち「表象内容」あるいは「志向的内容」（以下、「内容」）の観点から特徴づけられる、というものである。こうした立場は「志向説（intentionalism）」や「内容説（content view）」と呼ばれることもあるが、本書では表象説に統一しよう。

表象と志向性

「知覚経験が何かを表象する」や「知覚経験が志向的である／志向性をもつ」ということにとって重要な特徴が二つある。それは、**何かについてのものであること**、そして、**誤りの可能性を認められること**である。

まず、表象的・志向的であるものの典型例として信念をみてみよう。たとえば、「いま雨が降っている」と信じているとき、その信念は雨降りという事態についてのものである。別の言い方をすれば、その信念は雨降りに向けられた志向的な状態である。この場合その信念は、雨降りという事態を表象し、雨が降っているという表象内容をもつ、と言われる。この「内容（content）」は、「バケツの中身

(content)」のような空間的なものではなく、「新聞の内容」と同じく情報的なものを意味している(Siegel 2005)。つまり、世界に存在する物事を伝えるということだ。そして情報と同じく、内容には正しいものと誤ったものがある。さきほどの信念をもっているとき、実際に雨が降っているならばその信念は正しく、そうでないならば誤っている。信念は、世界がどうなっているかを伝える内容をもち、そして、実際に世界がどうなっているかと照らし合わせて正誤を問えるものである。

前章で知覚と信念は異なる心的状態だと述べたが、表象的・志向的という特徴は知覚経験にも備わっていると主張するのが表象説である。知覚経験も、主体のまわりの環境に何が存在するか、何が起こっているかを伝えており、正しかったり誤っていたりするということだ。この点を理解するために、たとえば、知覚的意識に赤いものが現れる場合を考えてみよう。実際に見られているのが赤いものであるならば、このときの知覚経験は正しいものとみなすことができる。他方で、見られているものが赤くない場合や、見られているものがそもそも存在していない場合、知覚経験は誤っており、主体は錯覚や幻覚に陥っていると考えられるだろう。そのため、知覚経験も表象的・志向的な内容をもつとみなすことができるのである。(6)

表象説がセンスデータ説と大きく異なるのは、**実際に存在しないものが知覚経験の対象となりうることを認める**点である。

センスデータ説は、知覚経験が生じるときには必ずその対象が存在していなければならないという現象原理を保持していた(むしろ、この原理がセンスデータ説を支持する動機となっていた)。たとえば、青いものが知覚的意識に現れているときには、青さをもつものが存在しているに違いないと主張していたのである。そのため幻覚の場合でも、知覚経験の対象となっている青さをもつものとして、センスデータを導入しなければならなかった。別の言い方をすると、知覚経験は見知りであると主張しているために、幻覚とみなされる知覚経験の対象としてセンスデータを導入することになったのである。

しかし表象説では、知覚経験の対象となるものが実際に存在している必要はないと言える。それは、**正しい内容に含まれているものは実際に存在しているが、誤った内容に含まれているものが存在していると考える必要はないからである。**

再び信念を例にして考えてみよう。たとえば、「雨が降っている」という信念が正しいとき、信じられている雨降りは実際に起こっているものであり、この信念は実際に存在している雨降りという出来事を表象している。だが、「槍が降っている」と誤って信じている場合、信じられている事態がどこかで起こっているものではない。槍が降るという事態は、起こっていると誤って信じられているだけである。

では、物理的世界のなかに槍降りという事態が存在していないからといって、信じる対象として心的な槍降り（？）が要請されるだろうか。そんなことはない。ギルバート・ハーマンはその点を簡潔に説明している。

「ポンス・ド・レオンは不老の泉を探していた。そのようなものは存在しない。そうであるなら、彼は何か心的なものを探していたはずだ」。これは端的に誤りである。不老の泉が存在しないことから、ポンス・ド・レオンが心的なものを探していたということは帰結しない。とくに、彼は不老の泉の観念を探していたということにはならない。彼はすでにその観念をもっていたからである。彼が探していたのは本物の不老の泉であり、その観念ではない（Harman 1990: 34）。

現実世界に不老の泉が存在しないからといって、不老の泉があると信じたり、それを探し求めたりするために、心的な不老の泉が必要とされるわけではない。もし不老の泉に関する心的なものがあるとすれば、それは不老の泉についての観念だろう。だが、彼はその観念を探していたわけではない。不老の泉を探しているとき、彼はすでにその観念をもっていたはずだからである。では何を探していたのか。もちろん不老の泉である。ただしそれは存在していなかった。彼の信念や願望は、存在していない不老の泉を、存在しているものとして誤って表象していたのである。

知覚経験も同様に考えられる。青いものが外界にあり、青さが意識に現れている場合、意識に現れている青さは外界の対象が実際にもつ性質である。一方で、外界に何もないにもかかわらず意識に青さが現れている幻覚の場合に、青さを実際にもつ心的対象があると考える必要はない。現象原理によれば、このとき青さを実際にもっている対象が存在しなければならないが、表象という考えを使うと、青さは、対象がもつ性質であるかのように誤って表象されているだけだと主張することができる。そのため心的なセンスデータは導入されない。つまり表象説は、知覚経験は見知り関係ではなく表象であると主張することで現象原理を拒否し、それによってセンスデータ推論を防ぐのである。

　また表象説は、センスデータ説を動機づけていた幻覚の特徴を説明することもできる。センスデータ説の支持者は、青いものがないにもかかわらず主体が「青いものがある」と信じた場合、主体が別の信念ではなくまさにその信念をもった理由があると主張し、その理由を、主体の意識に青さをもつセンスデータが現れていることによって説明していた。他方で表象説は、センスデータを導入せずにその理由を説明できる。主体が別のものではなくその信念をもったのは、別の色ではなく青さを表象する知覚経験をもったからだと言えるのである。

　さらに表象説は、正しい知覚と幻覚が主観的に区別不可能であることも説明できる。それらが区別不可能なのは、どちらの知覚経験も同じものを表象しているからである。二つの違いは、正しい知覚の場合には知覚経験によって表象されているものが実際に世界に存在するが、錯覚や幻覚の場合には存在していないという点にある。だが依然として、二つの知覚経験の内容に含まれているものは同じである。表象説は、正しい知覚と錯覚・幻覚の共通要素として、共通の内容を挙げられるのだ。

　このように、センスデータを導入することなく幻覚が説明できるなら、センスデータにつきまとうさまざまな問題を回避できるようになる。表象説では、正しい知覚の場合にわれわれが捉えているのは、外界に存在する物理的対象とそれがもつ性質だと主張できる。赤いものが外界にあり、それを正しく知覚している場合、知覚的意識には外界の対象がもつ赤さが現れていると言えるだろう。すると、世界への直接的なアクセスが確保され、知覚のヴェールを取り払うことができる。そのため表象説は、

「間接実在論」であるセンスデータ説との対比で、**直接実在論**の一つだとみなされている。(7)

さらに表象説では、センスデータという怪しげな心的対象の存在論的身分に関する問題も扱わなくて済むようになる。表象説によれば、正しい知覚の場合に意識に現れるのは外界の物理的対象だが、物理的対象は誰かの心に依存しておらず、複数の主体が知覚可能なものである。また、目をつぶることに依存して物理的対象が別のものに入れ替わるということもないので、目をつぶる前と後とで見ているものが同じかという問題も生じない。

以上のように表象説は、幻覚に説明を与えつつも、センスデータの導入を防ぐことで、センスデータ説が陥っていた問題を回避することができる。こうした理由から現在の知覚の哲学では表象説が広く受け入れられるようになったのである。

表象説と知覚可能性

センスデータ説から表象説への移行を踏まえると、「どのようなものが知覚されうるか」という知覚可能性の問題がなぜ注目を集めるようになったのかを理解することができる。

第1章で述べた通り、センスデータ説は、知覚に確実な知識の基礎を求めるという認識論的目的から、知覚可能性を低次性質に制限していた。実のところ、そうした制限は存在論的にも必要となる。その理由は、センスデータが知覚的意識に現れた性質をもつ**心的**対象だと考えられているからである。心的対象が色などの低次性質をもちうるという主張はある程度飲み込めるかもしれないが、種性質などの高次性質をもちうるという主張は到底認められない。種性質は心から独立した性質であり、心的な対象がもてるようなものではないからだ（Robinson 1994: 29; Silins 2013; Smith, A. D. 2002: 48）。たとえば、〈犬である〉という性質の本質は、特定のゲノムをもっていたり、特定の系統樹に属していたりすることにあるだろうが、心的対象がこうした特徴をもつことは不可能である。そのため、この点でもセンスデータ説は、高次性質の知覚可能性を否定しなければならないのである。

他方で、心的対象を導入しない表象説には、知覚可能性を制限する明らかな理由はない。また、表象説の基本的な主張は、「実際に存在していない事物についての表象も生じうる」ということだが、この主張そのものは、何が表象されうるのか、知覚経験の内容にどのようなものが含まれうるかについて、何の制限も与えていない。そうすると、低次性質だけでなく高次性質も内容に含まれているのではないかと考える余地が出てくるだろう。

知覚経験が内容をもつと考えると、次に、「その内容にはどれだけのものが含まれるか」ということが問題になる。そして、まさしくこれが許容内容の問題である。この問題が近年になって議論されるようになったのは、表象説という枠組みが一定の理解を得ることに成功し、より細かな論点が議論されるようになったからだと言えるだろう(8)。

心的対象を導入しない表象説は、自然主義に最も人気がある立場となっている。本書の目的は自然主義の検討ではないが、これまで何度も述べてきたとおり現在の知覚の哲学は自然主義に重点が置かれているので、ここでは自然主義と表象説の関係を説明しておこう。

自然主義が表象説を採用するうえで鍵となるトピックが二つある。経験の現象的性格と透明性だ。これら二つのトピックは現代の知覚の哲学でかなり重要なものであり、これから先の議論でもたびたび登場する。

3　現象的性格と透明性

現象的性格

「現象的性格（phenomenal character）」とは、意識経験に備わる質的な特徴であり、よく「その経験をもつことは主体にとって**どのようであるか**（what it is like）」という表現で特徴づけられるものである。意識に備わる重要な特徴の一つに、「一人称的観点から知られる」というものがある。この考えは、トマス・ネーゲルの「コウモリであるとはどのようなことか」という論文によって広く注目されるようになった（Nagel 1979）。

コウモリは、口から発した音波が対象にあたってどのように跳ね返ってくるかを探知することで、その対象がどのような特徴をもつかを知ることができる。この能力は反響定位と呼ばれる。

われわれ人間は、反響定位を行っているコウモリにどういった生理的・物理的出来事が生じているかを知ることができるだろう。たとえば、口からどのような成分の音波が発せられ、それが何にぶつかってどのように反射され、反射された音波によってコウモリの感覚システムがどのように働くか、等々を知ることができる。これらはいずれも三人称的な観点から記述される出来事である。

しかし、コウモリ自身の観点から反響定位がどのような経験であるのかということは、こうした三人称的記述のなかには登場しない。また、人間とコウモリはもっている感覚システムが異なり、コウモリの感覚システムが働くときどういった意識が生じるかは、人間の観点からは知ることができないだろう。[9] さらにネーゲルによると、コウモリが反響定位を行うときの意識のあり方をわれわれが想像しようとしても不可能である。というのも、想像は自身の体験を材料として作られるが、コウモリの意識を想像するための材料を人間は持ち合わせていないからだ。そのため、コウモリの意識のあり方はコウモリ自身の観点からしか知ることができないものだと考えられる。コウモリの意識には、コウモリの一人称的観点から知られる独特の特徴があるのだ。[10]

もちろん、こうした特徴は人間の意識にも備わっている。たとえば、スイカの赤さを見る場合にも種々の生理的・物理的出来事が生じているだろうが、さらに、その視覚経験には特有の意識状態が備わっている。一人称的に感じられるその赤さ、赤さがありありと意識に現れる感じ、というものがあるのだ。その感じは、スイカの皮の緑さを見るときの感じとは異なっているし、スイカを叩いたときの音を聴くときの感じ、スイカの表面を触ったときの感じ、匂いを嗅ぐときの感じや味わうときの感じとも異なっている。それぞれの知覚経験にはそれぞれに独特の意識的状態が備わっているのである[11]。

この〈意識に現れるありありとした赤さ〉などが「現象的性質」や「クオリア」と呼ばれるものである。以下、そうしたものを「現象的赤さ」というように表記しよう。そして本書では、一つ以上の現象的性質から構成され、一人称的に知ることができる意識のあり方のことを「現象的性格」と呼ぶ。たとえば、切られたスイカを見るという視覚経験の現象的性格は、現象的赤さや現象的緑さ、現象的黒さ、現象的で視覚的な扇型（触覚的な扇型もあるがそれではない）、等々から構成されている。他方で、完全な暗闇のなかで意識に現象的黒さしか現れない場合、その視覚経験の現象的性格は現象的黒さのみから構成されていることになる。

ところで、近年の心の哲学や知覚の哲学では、ここで述べた現象的性格と同じような意味で「現象学（phenomenology）」という用語が使われることがある（さきほど挙げたネーゲルも意識のあり方を指すものとして phenomenology を用いている）。だが本書ではすでにフッサールに由来する哲学的方法論を指すものとして「現象学」を用いているので、意識のあり方を指す際には「現象的性格」を用いることにしよう。

現在の心の哲学における最大の問題、いわゆる「意識のハード・プロブレム」は、現象的性格が自然科学的世界に位置づけられるのか（「自然化」できるか）、というものである。先ほど一人称的なものと三人称的なものの違いを強調したが、自然主義者はそれらをどうにかして橋渡しできないかと考えているのだ。

透明性

表象説を使って意識を自然化する際に鍵となると考えられてきたのが「知覚経験の透明性」と呼ばれる現象である[12]。

透明性を簡単に言うと次のようになる。自分の知覚経験を一人称的な観点から観察したとき、われわれは知覚されている対象の性質に気づくが、知覚経験そのものがもつ性質には気づかないように思われる、言い換えると、知覚経験は何の性質ももたない（透明である）ように思われる、ということである。こうした考えはムーア（Moore 1903）にまでさかのぼることができるが、自然主義的な表象説を擁護するために透明性を引き合いに出す最も有名な議論は、前述のハーマンのものだろう（Harman 1990）。

ハーマンの議論でまず重要になるのは、表象**媒体**がもつ性質と表象**内容**に含まれるもの（表象されているもの）がもつ性質の区別である。たとえば、「赤いリンゴ」という文字列は、赤いリンゴを表象している表象媒体である。表象されているリンゴは当然ながら赤さをもっているが、他方で、この文字列そのものは赤くない。むしろ、黒いインクで印刷されているため、黒さという性質をもっている。両者の性質は一致していないのだ。一般的に言って、表象するものと表象されるものは、異なる性質をもちうるのである。

同様のことは知覚経験にも言えるだろう。つまり、知覚経験自体の性質と知覚経験によって表象されている対象の性質も異なりうるのだ。

ここで先ほどの透明性が登場する。知覚経験の現象的性格は、知覚対象の性質（表象内容に含まれる対象の性質）で尽くされ、知覚経験（表象媒体）は性質をもたないと言われるのである。ハーマンは次のように述べている。

木を見て、その視覚経験の内在的特徴に注意を向けてみよう。注意を向けられるのは、「ここから見える」木の関係的特徴込みの、目の前に現れた木の特徴だけではないだろうか（Harman 1990: 39）。

木を見たときには現象的茶色さが意識に現れる。木をどの距離・角度から見るか（木と自分の関係）に応じて茶色さは違って見えるかもしれないが、こうした関係的特徴も含め、茶色さは木がもつ性質であるかのように意識に現れているのである。これに対し、知覚経験そのものが何らかの性質をもっているようには思われない。一人称的な観点からすると、知覚経験の現象的性格は、知覚経験によって表象されている知覚対象の性質に尽くされるように思われるのだ。

知覚対象がもつ性質は、当然ながら、世界のなかに存在する性質である。茶色は木がもつ性質であり、それが意識に現れているのだ。そうであるなら、知覚経験を観察したときにわれわれが知ることのできる現象的性格は、世界のなかに存在するものによってすべて説明されると考えられるだろう。この考えが正しければ、一人称的なものと三人称的なものの橋渡しは、かなりうまくいくように思われる[13]。

実際のところ、透明性という現象にはさまざまな論点があり、また、知覚経験は透明ではないという反論もある。しかしそれは少し踏み込んだ話になるので、応用編となる後の章で説明しよう（第3章の「ぼやけからの議論」と、第7章の「強い透明性と弱い透明性」）。

透明性からの議論がうまくいっていれば、次のような対応関係が成り立つことになる。すなわち、二つの知覚経験の現象的性格が同じなら、それらがもつ内容は同じであり、同じ性質を表象している。また、二つの知覚経験の現象的性格が異なるならば、それらは異なった内容をもち、表象されている性質が異なっていることになる。

この対応関係は、高次性質の知覚可能性を考える手がかりにもなる。つまり、高次性質が知覚経験の内容に含まれているなら、知覚経験の現象的性格も高次性質に対応するものを含んでいると考えられるのである。次章で扱う種性質の知覚可能性に関する議論では、まさにこの点が問題になる。

4　その他の基本事項――関係説・概念主義

　ここまで紹介した道具立てを用いれば、次章以降の議論を理解することができる。だが、「知覚の哲学の基本を説明する」という本章の目的からすると、もう少し説明しておきたいことがある。それは、現在の知覚の哲学でかなり注目を集めている二つの論争、**表象説と関係説の対立**、そして、**概念主義と非概念主義の対立**である。

　二つの論争は非常に重要なトピックなのだが、これから述べるように、どちらの対立も知覚可能性の問題とは独立のものである。つまり、どの立場をとってもこの問題の解決は容易にも困難にもならないし、どの立場でも知覚可能性は改めて考えなければならないということである。そのため、知覚の哲学の基本をこの機会に全部押さえておこうと思わなければ、このまま次章に進んでも問題はない。とはいえこの節にも積極的な目的がある。それは、**知覚可能性の問題と二つの対立を安易に結び付けてはならない**という注意を促すことである。

関係説＋選言説

　さきほど、表象説は直接実在論だと述べたが、実はまったく別の直接実在論がもう一つある。それが**関係説**（relationalism）である。

関係説は、表象説の代替案としてここ最近注目されるようになってきた立場である。前述の通り現代の知覚の哲学で最も広く受け入れられているのは表象説だが、この立場にまったく問題がないわけではない。わかりやすい問題として、特定の表象内容を抱くだけでどうして現象的性格が生じるのか、というものがある。たとえば、目をつぶっているときに「目の前に赤いリンゴがある」という内容の信念を抱いても、現象的赤さが意識に現れるわけではない。それどころか、今ここで書いた「目の前に赤いリンゴがある」という文それ自体も〈目の前に赤いリンゴがある〉という事態を表象する内容をもっている。しかし当然ながら現象的赤さをもっていない。そのため表象説では、なぜ知覚経験に備わる内容は他の内容とは異なり現象的性質をもたらすのか、ということが問題になるのである。

この問題に対処する一つの方針は、特別な内容があると主張することである。つまり、表象内容のなかには現象的性質をもたらすような特別なものがあり、それが知覚経験の内容になっている、と主張するのだ（特別な内容の候補については鈴木［2016: chap. 4］を参照）。

だがここで、まったく別の方針をとるのが関係説である。関係説は、知覚経験の現象的性格をもたらすのは内容ではなく**見知り**だと主張する（Campbell 2002; Fish 2009; Martin 2004）。センスデータ説を説明した際に登場したあの関係だ。

関係説はセンスデータ説と同じく、知覚経験が主体と対象との見知り関係だと認める。しかし、センスデータ説とは異なり、主体と見知り関係に立っているのはセンスデータではなく外界に存在する物理的対象だと主張する。知覚とは、外界に存在する物理的対象と主体とのあいだに見知り関係が成り立つことで、その物体が意識に現れることに他ならないというのである。そして、知覚的意識に現象的性質が現れることは、外界の物体がもつ性質が意識に現れることだと主張する。たとえばトマトを見る場合、そのトマトとそれがもつ赤さがそのまま意識に現れる。そうすると、トマトを見る経験の現象的性格は、外界に存在するトマトとそれがもつ性質によって説明されることになるだろう。

だが、こうした考えは幻覚論法によって否定された素朴実在論そのものである。前にも述べた通り、センスデータ説がうまくいかない立場だとしても幻覚論法が無効になるわけではないので、何らかの仕方で幻覚を説明する必要があるだろう。表象説は見知りを拒否することで幻覚論法に対処していたが、関係説は見知りを認めるので別の方針が必要となる。

その方針は**選言説**（disjunctivism）である。選言とは、「AまたはB」というときの「または」のことだ。選言説は、たとえば目の前に赤いものが見えるように思われる場合は、赤いものを正しく知覚しているケースか、または、赤いものの幻覚を見ているケースであると主張し、さらに、正しい知覚と幻覚は異なる種類の経験だと主張する（Hinton 1967）。たとえば知覚と情動は異なる種類の心的状態だが、それと同じような意味で、正しい知覚と幻覚は異なる種類のものだと主張するのである。そして、正しい知覚の場合には主体と外界の対象とのあいだに見知り関係が成り立っているが、幻覚の場合にはそれが成り立たないというのだ。われわれは、外界の対象と見知り関係が成り立つ経験をもつか、または、成り立たない経験をもつかのどちらかなのである。

こうした関係説＋選言説は、幻覚論法のステップ⑶の共通要素原理を否定する。すると、⑷の「正しい知覚の場合にもセンスデータが意識に現れている」を拒否することができるのだ。

しかし、なぜ共通要素原理を拒否できるのだろうか。この原理は、正しい知覚と幻覚とが主観的に区別不可能であることから導かれていた。区別できない以上、両者は同じ種類の経験だと考えるのはごく自然だろう。だからこそセンスデータ説も表象説も、正しい知覚と幻覚は同じ種類の経験だと認めていたのである（前者によれば知覚経験はセンスデータの見知りであり、後者によれば表象だった）。

これに対し選言説は、主観的な区別不可能性の「主観的な」という点に注目する。確かに、自分がいまもっている経験が正しい知覚なのか幻覚なのかは、主観的に、つまり、自分の一人称的な観点から判別できない。だが、そうした意味で区別不可能だからといって、すぐさま、経験そのものの種類が同じであることにはならない。というのも、主観的に区別できない二つのものが異なる種類のものである可能性が残されているからだ。この点についてはオースティンの次の主張が有名だろう。

> レモンと石鹼は異なる種類のものだ、と言われたからといって、レモンそっくりに見える石鹼などないと「予想する」だろうか。そう予想する理由はあるのだろうか（Austin 1962: 50)。

本物のレモンとレモンそっくりの石鹼は、見た目で区別がつかないかもしれない。だからといって、両者が同じ種類のものであることにはならない。当然ながら、片方はレモンで片方は石鹼だからである。これと同じことが知覚経験にも言えるかもしれない。正しい知覚と幻覚は、主観的な観点からすると区別できないが、異なる種類の経験である可能性が残されているのである。

関係説＋選言説の基本的な主張は以上である。だが、この立場にも問題がないわけではない。ここでは代表的な問題を一つ説明しよう。

前述の通り、関係説によると、正しい知覚の現象的性格は、主体と見知り関係に立つ物理的対象とその性質によって説明される。たとえば、トマトを見るときの現象的性格は、トマトとそれがもつ性質によって説明されるのである。しかし、幻覚の現象的性格はどうだろうか。存在しないトマトを見る幻覚の現象的赤さは何によって説明されるのか。

選言説はともかく正しい知覚と幻覚を異なる種類として扱えばいいので、正しい知覚は主体と対象との見知り関係だが、幻覚はセンスデータとの見知りだと主張することができるだろう（誤った表象として説明することも可能である）。この場合、トマトの幻覚を見ているときの現象的性格は、センスデータがもつ赤さによって説明されることになる。

だがここで幻覚の脳状態について考えてみよう。たとえば前述のシャルル・ボネ症候群の幻覚は、視覚に関わる脳領域が活動することによって生じている。そうすると、その脳状態は、センスデータとの見知りを可能にするものだと考えられるだろう。しかし一方で、その脳状態は正しい知覚の場合にも成立しうるものである。そうであるなら、正しい知覚の場合にも、外界の物的対象との見知りだけでなく、センスデータとの見知りも成り立っていると考えられるのではないだろうか。しかしそうすると、正しい知覚の現象的性格もセンスデータとの見知りによって十分説明できるように思われる。つまり、外界に存在する物理的対象との見知りを持ち出す必要がなくなってしまうのだ。最初に述べたように、関係説は、正しい知覚の現象的性格を物理的対象との見知り関係によって説明しようという立場だった。しかし、ここで挙げた議論が正しければ、その説明そのものが不要になってしまうように思えてくる。これは「スクリーニングオフ問題」と呼ばれ、選言説にとっての難点の一つだと言われている。

とはいえ、関係説＋選言説という方針は近年登場したばかり、研究が進めばこの問題に対する解決法がみつかるかもしれない。この立場がきちんと擁護できるかどうかについては、現在白熱した議論が行われている最中である（より詳しくは小草［2009］や、フィッシュ［Fish 2010: chap. 6］を参照）。

関係説の概説は以上だが、次に、関係説をとった場合に知覚可能性の問題がどのようになるかをみてみよう。

まず、知覚経験が表象的である（内容をもつ）ことを完全に否定するタイプの関係説（たとえば Travis 2004）でも知覚可能性は問題になりうる。見知り関係に立つ対象はセンスデータだと主張する場合には、前にみた通り、センスデータがもちえないような高次性質の知覚可能性を否定しなければならない。だが、関係説によると、見知り関係に立つのは外界の物理的対象である。そして物理的対象は、低次性質だけでなく高次性質ももっている。もちろん、主体と物理的対象が見知り関係に立つからといって、高次性質が知覚可能であることが直ちに導かれるわけではない。だが、低次性質が知覚可能である以上、高次性質もそうかもしれないと考える余地が出てくるのだ。

また実のところ、関係説と表象説は両立可能かもしれない。関係説の説明の冒頭では、見知り関係は現象的性格を説明するために導入されると述べていた。この考えと知覚経験が内容をもつという主張は、明らかに矛盾するというわけではない。つまり、知覚経験は表象内容をもつが、それとは別に、現象的性格を成り立たせる見知り関係もあると考える余地もあるのだ（Soteriou 2013: chap. 4）。内容を認める関係説では、標準的な表象説と同じく、高次性質も知覚経験の内容に入りうるのかということが問題になるだろう。

このように、見知り関係を認めても高次性質が知覚可能であるかどうかは問題になる。また、見知り関係を認めるかどうかに応じて知覚可能な対象の種類が広がったり狭められたりすることもない。そのため、関係説に関する論争は、知覚可能性の問題とは別個のものなのである。

概念主義 vs 非概念主義

知覚の哲学におけるもう一つの重要トピックとして、知覚経験が概念的か非概念的か、という論争がある。

本章第2節では信念を引き合いに出しつつ知覚経験の志向性を説明していた。では、信念と知覚経験にはどこまで共通点があるのだろうか。たとえば、信念をもつためには一定の概念能力が必要とされるが、知覚経験もそうなのだろうか。そうだと主張するのが概念主義であり、そうでないと言うのが非概念主義である。

まず非概念主義からみてみよう。非概念主義がよく強調するのは、知覚経験は概念ほどの一般性をもたないということである。たとえば、「目の前に赤いトマトがある」という信念に含まれる「赤」の概念は、「目の前に赤いリンゴがある」、「ポストは赤い」、「赤い絵の具と青の絵の具を混ぜると紫色になる」、といった信念を構成する「赤」と同じものである。概念はこうした一般性をもっているのだ（Evans 1982）。

これに対し、知覚的意識に現れる現象的赤さはかなり個別的なものである。たとえば、あるトマトも別のトマトも「赤い」と判断されるが、それぞれの色合いは微妙に異なっているだろう。もちろん、「赤い」よりも肌理《きめ》の細かい「真紅」、「朱色」、「ワインレッド」、「チェリーレッド」といった概念もあるが、知覚的意識に現れる現象的赤さの多様性はそうした概念よりもずっと細かいだろう。われわれが「この対象はチェリーレッドだ」と言うそれぞれのケースで、意識に現れている現象的性質は微妙に異なっているのである。現象的性質にこうした多様性がある以上、知覚経験がもつ内容にも同じくらいの多様性があると考えられる。そのため、知覚経験の内容は概念のような一般性をもたず、非概念的だと考えられるのである。

別の論点として、動物や乳幼児の知覚も引き合いに出される（Evans 1982）。まず、「目の前に赤いものがある」といった信念およびそれを構成する概念は、平叙文で表すことができる命題的構造をもっている。この意味での「概念」は、成人ほど洗練された認知能力をもたない動物や乳幼児が扱えるものではないと考えられるだろう（心理学や認知科学では動物がもつ概念について言及されるが、この論争で問題になっている「概念」はこうした哲学の専門用語である）。だが、動物や幼児が何かを知覚しているということは否定しがたい。そうであるなら、動物や乳幼児でも行える心的活動に概念的なものを求めるべきではないと考えられるだろう。[14]

これに対し、概念主義を動機づけているのはまったく別の論点である。概念主義の背景には、前章で説明した「知覚による信念の正当化」がある。そこで述べたように、たとえばわれわれは、目の前にある赤いものを見ることで「目の前に赤いものがある」という信念を抱くようになる。そして、知覚経験と信念のあいだには、前者が後者を正当化するという関係が成り立っている。言い換えると、知覚経験は、主体がその信念をもつ**根拠や理由になっている**のである。さらに、その知覚経験は、主体が「目の前に緑のものがある」ではなく、まさに「目の前に赤いものがある」という内容の信念を抱くような制限を与えると言えるだろう。別の言い方をすれば、知覚経験に基づく信念は知覚経験に対応するようなものであるべきだという**規範性**があるのだ。

こうした点に訴え、概念主義者は、知覚経験と信念には合理的な結びつきがあるはずだと主張する（McDowell 1994）。そして、その合理的な結びつきを説明するためには、概念的状態である信念と結びついた知覚経験も、概念的なものとみなさなければならないと主張する。というのも、概念的状態の理由や根拠となるのは概念的状態だけだと考えられるからだ。もし知覚経験の内容が非概念的なものであるなら、知覚経験と信念との結びつきは、前者が後者を引き起こすという単なる因果関係にしかならないだろう。実際のところ、動物や乳幼児がもつ知覚経験と信念にはこうした因果関係しかないかもしれない。だが、成人がもつ知覚経験と信念のあいだの理由・正当化関係を説明するためには、知覚経験の内容も概念的でなければならないと言われるのである。

とはいえ、この主張も手放しで認められるわけではない。というのも、非概念主義は、「概念的状態を正当化しうるのは概念的状態だけである」という前提を疑うことができるからだ（Chalmers 2010 chap. 10）。素朴な直観からすれば、知覚経験は信念や思考とは異なるものだが、信念などを正当化する力をもっていると考えられる。非概念主義者は、非概念的状態が概念的状態を正当化すると認めて何が悪いのか、と応答するはずである。

ここから先の議論は、マクダウェルやセラーズ（Sellars 1997）が言う「所与の神話」や「理由の空間」に踏み込むことになるだろう。だが、この論争を扱うことは本節の目的ではないので、これ以上は踏み込まない（詳しくは、小口［2011］、西村［2015］、村井［2015］を参照）。ここでの目的は、この論争と知覚可能性の問題は独立のものであると示すことである。

知覚可能性の問題と概念主義の論争が独立であることを理解するために重要なポイントが三つある。一つめは正当化に関わる。前章で知覚可能性の問題を定式化したとき、知覚経験と信念の正当化関係に訴えていた。この点は一見すると概念主義に肩入れしているようにみえるかもしれないが、そうではない。先ほど述べた通り、非概念主義は非概念的な知覚経験が概念的な信念を正当化することは可能だと主張するからである。そして、知覚可能性の問題を検討するうえで必要なのは、知覚経験が信念を正当化するということだけである。そのため、正当化が概念的か非概念的かについては中立的にしておくことができるだろう。

二つめのポイントは、この論争で主に検討されている事例は、赤さなどの知覚経験と「これは赤い」といった信念の正当化関係だということである。つまり、低次性質についての知覚経験と信念であり、高次性質はとくに問題になっていないのだ。そのため、仮に正当化が概念的かどうかに決着がついたとしても、高次性質が知覚できるかどうかは改めて考えなければならないはずである。

三つめのポイントは最も重要である。次章以降の議論でたびたび、高次性質を知覚するためには高次性質に関する知識や学習が必要とされる、という話題が登場する。たとえば、目の前の対象が犬であることやシェパードであることを知覚するためには、犬やシェパードについての知識が必要とされる、ということだ。だが、この論点は概念主義を支持するものではない。むしろ、このことが示しているのは、犬性やシェパード性を知覚的に表象する（あるいは、それらの性質と見知り関係に立つ）ための**前提条件として学習が必要である**ということでしかない。そうした学習を行っていなければ当該の高次性質を知覚できなかっただろう、ということなのだ。そして、この種の学習で獲得される知識が概念的（命題的）なものであるとは限らない。たとえば、何度もライオンに追いかけられたシマウマはライオン性を知覚するための学習を行ったと言えるかもしれないが、そのときに学習された知識は、（人間がもつような）命題的な概念から構成されたものではなく、ライオンと別種の動物を区別するための技能知かもしれない[15]。非概念主義は、そうした技能知がライオン性の非概念的表象を可能にすると主張することができるだろう。そのため、高次性質を知覚するために学習が必要になるからといって、当該の知覚経験に概念が関与すると考える必要はないのである。

以上の通り、知覚経験に表象内容を認める関係説でも否定する関係説でも、そして、概念主義でも非概念主義でも、何が知覚可能なのかは問題になる。関係説をとるか表象説をとるかに依存して、また、概念主義をとるか非概念主義をとるかに依存して、知覚可能性が狭められたり広がったりすることはない。したがって、現在の知覚の哲学で議論が白熱している二つの重要トピックは、知覚可能性の問題には直接関係しないと言えるだろう。本書では話を単純にするために、以降は表象説と非概念主義を前提として議論をすすめていく。とはいえ、その議論は適宜修正を加えれば関係説や概念主義にも適用できるだろう。

前章と本章で、現代の知覚の哲学で用いられている基本的な道具立てはほぼすべて揃ったと言っていいだろう。ここから先はこれらを使って、それぞれの高次性質の知覚可能性を具体的に検討していこう。

註

(1) センスデータ説によれば、正しい知覚でも幻覚でも、意識に現れるのはセンスデータでしかない。では、「正しい知覚」と「幻覚」という日常的な分類はどのように維持されるのか。いくつか説明方法があるが、代表例は、知覚経験の原因に訴えるものだろう。正しい知覚とは、センスデータが意識に現れる原因となった対象が外界に存在しているが、幻覚の場合にはそうではない（おそらく原因は脳の異常などである）、ということである。外界に原因があるかないかは、主体が知覚経験をもっているかどうかとは別の事柄なのだ。

(2) 幻覚ではなく錯覚を用いた「錯覚論法」では、(2)のステップが次のようになる。「しかし、外界に存在する対象は意識に現れている性質をもっていない。そうであるなら、意識に現れている性質をもつ対象は、外界の物理的対象ではなく、センスデータという心的対象だと考えられる」。

(3) 幻覚論法で用いられる幻覚は「哲学者の幻覚（philosophers hallucination）」であり、精神医学で扱われるような現実の幻覚とは異なると言われることもある（Farkas 2013）。

(4) 現象主義では、正しい知覚と誤ったケースの区別は、センスデータに対応するような対象が（センスデータとは独立な）外界に存在するかどうかによって与えられるものではなくなる。その区別は、たとえば、行為とセンスデータとの整合性によって与えられるかもしれない。机に近づく（と通常みなされる）場合には、茶色の色の広がりが徐々に大きくなっていくことが整合的であり、その途中で赤さが現れたり色の広がりが小さくなったりすることは整合的ではない。こうした整合的でないものが誤りとみなされるだろう。

(5) とはいえ、哲学的知覚研究が盛んなグラスゴー大学に留学していた新川拓哉氏に教えていただいたところ、同大学の知覚経験研究センターは二〇一六年からセンスデータを再考するプロジェクトを行っているらしい。
http://www.gla.ac.uk/schools/humanities/research/philosophyresearch/cspe/projects/sense-data/

(6) とはいえ、信念とは異なり、知覚経験の内容は真か偽かの二通りになるわけではない。たとえば、視力の異なる二人が十五角形を見たとき、片方には十五角形に見え、もう片方には円形に見えるとしよう。円形に見える人の知覚経験も正しくはないのだが、このとき三角形が見えている人と同列に扱いたくはない。円形に見えている人は視力が悪いため、そう見えるのは仕方ないが、三角形が見えている人は明らかに間違った知覚経験をもっていると言いたくなる。つまり、知覚経験には正確さの度合いがあるのだ。知覚経験がもつのは「真理条件（truth condition）」ではなく「正確性条件（accuracy condition）」だと言われることもある。

(7) センスデータ説の問題として懐疑論をあげていたが、ここで次のような疑問が生じるかもしれない。誤った知覚というものを認めるなら、すべての知覚経験が誤ったものである可能性を排除できず、そのため結局のところ懐疑論が生じるのではないか。確かに表象説ではこの種の懐疑論に答えることはできない。だが、正しい知覚の場合には世界への直接的なアクセスがあると認めることで、世界への直接的なアクセスが**原理的に**不可能であるという、センスデータ説が陥っていた懐疑論を回避することはできる。

(8) 「内容に何が入るのか」だけではなく、「内容とはそもそもどういうものか」も検討されるようになっている（Siegel 2005）。それについては第6章で取り上げる。

(9) 実際のところ、訓練すれば人間にも反響定位は可能であり、一部の視覚障害者は日常生活で反響定位を用いている（Rosenblum 2010: chap. 1）。だが、感覚システムが異なるのでやはりコウモリとは経験に違いはあるだろう。

(10) 一人称的側面を強調する別の議論として、フランク・ジャクソンの「白黒の部屋のメアリー」がある（Jackson 1982）。その議論は山口（2012）で詳しく扱われている。

(11) 知覚経験だけでなく信念や判断といった思考にもこうした意識的特徴があると言われることもある。それらは「認知の現象学（cognitive phenomenology）」と呼ばれ、近年注目を集めている（たとえば、Bayne and Montague 2014; Chudnoff 2015; Kriegel 2015; Montague 2016）。

(12) 実際には表象説にもいくつかバリエーションがあり、自然主義と相性の悪いものもあるが、ここでは自然主義者の定番となっている表象説（Harman 1990; Tye 1995, 2002）を説明しておこう。表象説の分類については、Chalmers（2010: chap. 11）や Fish（2010: chap. 5）を参照。

（13）もちろん、「表象する」という関係、つまり「志向性」も自然化しなければならないが、その自然化は比較的うまくいくと考えられている（Dretske 1995; Prinz 2004: chap. 3; 戸田山 2014: chap. 4）。他方で、現象的性質を世界に位置づける場合には、それが既知の物理的性質と同一であるのかということが問題になる。たとえば、色に関わる物理的性質として光を特定の割合で吸収・反射する表面反射特性があるが、特定の色を特定の表面反射特性とを同一視する見解には反論も多い。詳しくは鈴木（2015: 109）を参照。

（14）厳密に言えば、概念主義は次の内容説と状態説に分けられる（Heck 2000）。
（内容説）知覚経験の内容は概念から構成されている。

（状態説）特定の概念をもたなければ、その概念によって記述されるような特定の内容を備えた知覚経験をもてない。

ここで挙げた一般性からの反論は内容説に対するものであり、動物や乳幼児からの反論は状態説に対するものである。

（15）自転車の乗り方についての本の内容は自転車に関する文や概念から構成されているが、その本を読んだからといって実際に自転車に乗れるようになるわけではない。自転車に乗るための技能知（know-how）の学習は、こうした意味で概念的ではないと言えるだろう。

第３章　種性質の知覚

さまざまな高次性質のなかで最初に議論が白熱したのは、〈犬である〉や〈椅子である〉といった種性質である。本章ではその議論をみることで、さまざまな高次性質の知覚可能性を主張するうえで必要になる一般的な方針を明らかにしたい。

ただし本章では、種性質の知覚可能性を積極的に擁護するわけではない。目標はあくまでも、さまざまな高次性質の知覚可能性を支持するために使える論点を特定することである。

1　知覚とカテゴライズ

まず、種性質の知覚可能性を検討するうえで注意すべき点を述べておこう。

たとえばテーブルを見たときは「これはテーブルだ」という判断が下され、犬を見たときは「あれは犬だ」という判断が下される。第1章でも説明したように、問題は、こうした知覚と判断とのあいだに推論・解釈的な過程が含まれるかどうかである。

だが、この問いに対してすぐさま次の疑問が浮かぶかもしれない。それは、知覚は対象や性質を捉えるだけの働きであって、捉えたものを分類ないしカテゴライズするのは知覚より後の過程ではないか、というものである。

もう少し詳しく説明しよう。知覚経験の典型例である低次性質の知覚は、対象や性質を意識に現前させる働きだと言える。簡単に言えば、目の前にあるトマトを見て赤さが意識に現れたり、丸いものを見て丸さが意識に現れたりするということだ。だが、「これはトマトだ」と判断するときには、現前以上のことが必要になると思われるかもしれない。というのも、「これはトマトだ」という判断は「目の前のものはトマトという**種類**に属する」という内容をもつと言えるからである。つまり、「種類」という**普遍的ないし一般的なカテゴリー**への分類、カテゴライズが行われているのである。だが、知覚とは、主体の周りの環境に存在する**具体的なもの**を捉える働きであり、普遍的・一般的なものを捉えることは不可能だろう。そうすると、「あれはトマトだ」といった判断が知覚のみに基づいて直接正当化されることは不可能だと思われるかもしれない。むしろ、一般的なものを捉えることが可能な思考の働きがなければ、そうした判断は正当化できないのではないだろうか。

だが、一般的なものへの分類は、実のところ「これは赤い」などの低次性質についての判断にも含まれている。つまり、「これは赤い」と判断するときにも、「これは赤いものに属する」と判断されているのである。そうであるなら、性質についての判断に普遍性・一般性が関与すること自体は、知覚可能性を否定するものではないはずだ。

むしろ、種性質の知覚可能性で問題となっているのは、普遍的・一般的なトマト性ではなく、目の前の対象がもっている具体的なトマト性（より哲学的な言い方をすれば、「例化されたトマト性」）である。そしてこの点は低次性質と変わらない。たとえば、「赤さ」という普遍的・一般的なカテゴリーは知覚できないが、目の前にある対象がもっている具体的な赤さは知覚可能である。問題は、種性質についても同じことが言えるのか、ということである。もしトマト性が知覚可能なら、「あれはトマトに属するものだ」という判断はトマトがもつ具体的なトマト性の知覚に基づいていることになるだろう。それは、トマトがもつ具体的な赤さの知覚に基づいて「これは赤いものに属する」という判断が下されるのと同じである。

ここで、この話を心理学や認知科学におけるカテゴライズ研究と関連づけておこう。種性質の知覚可能性と最も関連するのは、「パターン認知」の研究だろう。こうした研究では「パターン認知」の「認知」が知覚なのか知覚と推論・判断が渾然一体となったものなのかが明確にされないままであることが多い。本章の議論はそれを明確にする問いだとも言える。もし種性質が知覚可能であるなら、「パターン認知」の「認知」は知覚であることになり、知覚不可能であれば、「認知」は低次性質の知覚と推論・解釈が組み合わさったものとみなされるだろう。

とはいえ、最初に述べたように、本章の目的はあくまでも先行研究の整理・概説であり、ここで種性質の知覚可能性について答えを出すことはできない。だが、今後の研究のための哲学的基礎を提供することはできるだろう。

以上の点を念頭におき、種性質の知覚可能性に関する議論をみてみよう。種性質をはじめとして、知覚経験の許容内容に関する近年の議論は、前章で導入した現象的性格に焦点を合わせたものが多い[(1)]。問題になるのは次の点である。何らかの種性質を備えた対象を知覚するとき、主体は特定の現象的性格を備えた経験をもつが、その現象的性格は現象的な低次的性質の集まりに還元されるのか。それとも、そうした集まりに還元されないものがあり、そのため、種性質に対応する現象的性質がそこに含まれていると認めなければならないのだろうか。

2　本物と偽物は見分けられない

まずは知覚可能性を否定する議論からみてみよう。そうした議論の大半は、種性質についての誤りに基づいている（Brogaard 2013; Byrne 2009; Logue 2013; Macpherson 2011; Prinz 2006）[(2)(3)]。まず、本物のリンゴと食品サンプルの偽リンゴを見ている場合を考えてみよう。さらに、偽リンゴはとても精巧に作られており、見た目ではどちらが本物なのかを区別できないとしてみよう。たとえば、一瞬目を離した隙に本物と偽物を入れ替えたとしても、その違いに気づかないかもしれない。この場合、本物を見る経験も偽物を見る経験も、現象的性格は同じということになる。

現象的性格は内容に対応すると主張する典型的な表象説にしたがうなら、本物を見る経験も偽物を見る経験も同じ内容をもっていることになる。ここで、二つの経験に共通の内容を、〈見かけ〉と呼ぶことにしよう。この〈見かけ〉を使って種性質の知覚可能性に反対する議論を作ることができる。

まず、本物と偽物を区別できないことから、知覚対象が実際にリンゴ性をもっているかどうかは〈見かけ〉に違いをもたらさないことがわかる。そうであるなら、リンゴ性のような種性質は〈見かけ〉には含まれないと考えることができる。

この論点は、正しい知覚を成立させる条件についての考察を付け加えることで、さらに補強できるかもしれない。まず、本物も偽物も、通常の照明条件のもとで、視覚に問題のない主体に知覚されていると仮定することは問題ないだろう。すると、本物も偽物も正しく知覚されていると考えることができる。このような理由から二つの知覚経験が正しいものだと考えると、それらに共通の内容である〈見かけ〉は、本物と偽物が共通にもっている性質と対応していることになるだろう。当然ながら偽リンゴはリンゴ性をもっていないので、両者に共通するのは色や形といった低次性質だけだということになる。このことから、〈見かけ〉に含まれるのは低次性質だけであり、リンゴ性のような種性質は含まれていないと考えることができる。

種性質が知覚不可能だとすると、本物と偽物を間違えることは、知覚レベルの誤りではなく判断レベルの誤りだということになるだろう。つまり、低次性質は正しく知覚されたのだが、それに加わった推論や解釈が間違っているために、本物と偽物を間違えてしまうということになるのだ。

錯覚の可能性

だが、以上の議論は十分ではない。というのも、こうした誤りの場合にも〈見かけ〉に種性質が含まれていると主張する余地があるからだ。

前章で説明したように、表象説では、対象が実際にもたない性質が対象の性質であるかのように誤って表象される場合（錯覚）があると認めている。この考えに基づくと、偽物を見る経験は、実際には対象がもたないリンゴ性が対象の性質であるかのように誤って表象された錯覚であると主張できる（Siegel 2006）。また表象説では、本物を見る経験と偽物を見る経験の現象的性格が同じであることも説明できる。それは、二つの知覚経験がともに低次性質と種性質を表象しているためだと言えるのである（ただし片方は誤っている）。そうすると、本物と偽物を間違える事例は、単に信念や判断が誤っているだけでなく、その信念が基づく知覚経験も誤っていることになるだろう[4]。

誤った知覚経験は、自分が見ているのは偽物のリンゴであると主体が知っていたとしても、それとは独立にリンゴ性を表象し続けるだろう。第1章でミュラー・リヤー図形を例にして説明した通り、その図形の二本の線分の長さは等しいと知っていても、依然として二本の線分は異なった長さをしているように見え続ける。信念は二本の図形を同じ長さのものとして表象しているが、知覚経験は依然として二本の線分を異なる長さをもつものとして表象し続けているのである。それと同様に、知覚経験は信念とは独立にリンゴ性を誤って表象し続けると考えられるのである[5]。

これに対し反対者は、補強となる議論を反論として挙げるかもしれない。偽物は通常の照明のもとで標準的な主体に知覚されているため、このときの知覚は錯覚ではなく正しい、ということである。だが、偽物を見る経験が錯覚でないというのは論点先取である。というのも、どの条件が錯覚を生じさせるものとみなされるかは、知覚可能性を支持する論者と反対者のどちらが正しいのかに依存しているからである。このときの条件は、もし反対者が正しければ錯覚を生じさせるものではないことになるが、支持者が正しければ錯覚を生じさせるものだということになる。むしろ支持者からすれば、偽リンゴは、ミュラー・リヤー図形と同じく、ごくありふれた条件で錯覚を生じさせるものだということになるだろう。そのため、「偽物は錯覚を引き起こすような条件のもとで知覚されてはいない」という主張は、種性質の知覚可能性をまさに検討しているときに、反論として使えるものではないのである（Logue 2013）。

しかし、偽リンゴとミュラー・リヤー図形を同列に扱うのは直観に反すると思われるかもしれない（Byrne 2009）。だが、次のように考えれば錯視図と偽リンゴを区別できる。偽リンゴは、リンゴの写真と同じように、描写（depiction）の対象となるリンゴ性を表象していると言えるかもしれない（偽リンゴは立体的な、写真は平面的な表象媒体である）。そのため、それを知覚したとき、偽リンゴが表象しているリンゴ性が知覚経験によっても表象されてしまうと考えられるのである。すると、錯視図を見たときの錯覚は視覚システムのあり方に由来する錯覚だが、偽リンゴの錯覚は偽リンゴがもつ表象的な特徴に由来するものであり、その点で両者は異なると言えるのだ。

だがここで、この応答に対して次の疑問が浮かぶかもしれない。この応答は、写真や立体コピーといった描写的なものが種性質を表象できることを前提としているが、本当にそうなのか。実のところ、描写に関する哲学的議論では、写真などの描写物が何を表象できるかは、知覚経験が何を表象できるか次第だと言われることもある。[6] そのため、ここには直観に反すると言うだけでは片付けられない問題があると言えるだろう。もし種性質が知覚可能であるなら、前述の通りミュラー・リヤー図形と偽リンゴの錯覚を異なるものとして扱えるからである。

以上のことを考えると、種性質についての誤りに基づく反論は、結局のところ、低次性質のみが知覚可能だという直観を前提としていることがわかる。つまり、この反論は、偽リンゴを知覚する事例が錯覚ではないと考えたときにしかうまくいかないのだ。したがって、この議論は種性質が知覚不可能だということを示せていないのである。[7]

3　知覚学習と現象的対比

次に、知覚可能性を支持する議論をみてみよう。ここでは、知覚経験の許容内容の議論に多くの論者が参加するきっかけとなったスザンナ・シーゲルの現象的対比（phenomenal contrast）を紹介しよう。[8]

現象的対比は、その名前が示すように、複数の現象的性格を対比させるという工夫が施されている。

こうした工夫の理由は、（第1章でも触れたが）一つの経験を現象学的に記述するだけでは、現象的性格に種性質が反映されているのかどうかが不明瞭だからである。たとえば、リンゴを見ているときの現象的性格に赤さや丸さが反映されていることは明らかである。また、バナナ性や因果関係などが反映されていないことも明らかである。では、リンゴ性はどうだろうか。いずれにせよ主体はこのとき「これはリンゴだ」と判断するが、その判断は、リンゴ性が知覚経験の現象的性格に反映されていることによって可能になったのか。それとも、その判断は推論や解釈が介在することで可能になったのか。一人称的な観点では明確な答えがでそうにない。

この問題に対処するために導入されるのが現象的対比である。次のシーゲルの主張をみてみよう。

あなたはこれまで松を見たことがないが、さまざまな多くの種類の木が生えている林からすべての松の木を切る仕事に就いたとしよう。最初は他の人からどれが松であるかを教えてもらっている。数週間経ち、松を他の木から区別する能力が向上する。最終的には松を即座に見分けられるようになる。松はあなたにとって視覚的に目立つものになる。松の再認能力を身につけるにつれて、松は次第に目立ったものになっていくのである。十分な再認能力を身につける前と後での視覚経験の現象的な差異には、こうした再認能力の獲得が反映されている（Siegel 2006: 49）。

松と他の木を区別できない頃、主体が松を見たときにもつ経験全体（知覚・信念・情動などからなる経験の総体）の現象的性格は、他の木を見たときの現象的性格と区別できないようなものだっただろう。しかし、松を再認したり他の木から区別したりする能力を学習し、それを完全に身につけた頃に松を見たときの現象的性格は、他の木を見たときの現象的性格とは大きく異なっていると考えられる。

そして、この現象的差異は、それぞれの経験全体に含まれる知覚経験がもつ現象的性格の差異に由来すると考えられる。ここで典型的な表象説にしたがえば、二つの知覚経験に現象的差異があるので、それぞれの内容は異なっていることになる。

さらに、この内容の違いは、学習前の内容は色や形などの低次性質しか含んでいない一方で、学習後の内容はさらに松性という種性質を含んでいると考えることによって説明することができる。つまり、松を再認する能力を獲得することで、以前は知覚できなかった松性が知覚できるようになったと考えることができるのである。

以上の議論は次のようにまとめられる（Siegel 2010: 100–101）。松の再認能力を学習する前に松を見る経験をE_1、学習後の松の視覚経験をE_2とする。そして、学習前の（E_1を含む）経験全体を「標的経験」、学習後の（E_2を含む）経験全体を「対比経験」とする。

(0) 標的経験と対比経験は現象的性格が異なっている。

(1) 標的経験と対比経験に現象的な差異があるならば、E_1とE_2には現象的な差異がある。

(2) E_1とE_2に現象的な差異があるならば、E_1とE_2の内容は異なっている。

(3)　E_1とE_2の内容の違いは、種性質が表象されているかどうかである。

現象的対比の論証は、他の高次性質の知覚可能性を主張するうえでも利用できる。まず、知覚内容に含まれる低次性質が同じであるにもかかわらず現象的性格が異なる二つの経験を取り上げる。そして以上の論証を使い、その差異は片方の知覚内容に高次性質が含まれていることによって説明されると主張すればいいのだ[9]。

しかし、この論証のほとんどのステップには反論の余地がある。

現象的差異の候補

まず、(0)は認められるだろう。松と他の木を弁別できるようになったという変化があるにもかかわらず、二つの経験全体の現象的性格は何も変わらないとは考えがたいからだ。

だが、(1)に対しては、経験全体の現象的差異は知覚経験以外のものに由来するのではないか、という疑いが向けられる（Butterfill 2009）。たとえば、松を弁別できるようになった頃、主体は松を見たときに「これは松だ」という信念をもつだろうが、こうした信念が現象的差異を生み出したのかもしれない[10]。

これに対する反論としてシーゲルは、松だと思っていたものが実はホログラムで投影された映像であった場合を挙げている（Siegel 2006: 464）。その事実を知ったとき主体は「これは松ではない」と信じるようになるだろうが、それでも経験全体の現象的性格は変化しないと考えられる。偽リンゴの事例で説明したように、たとえいま見ているものが本物でないと知っていても、知覚経験はそれとは独立に誤った内容を持ち続けると考えられるからである。それと同様に、主体が「これは松ではない」と信じていたとしても、知覚経験は松性を誤って表象し続けるだろう。ここからシーゲルは、現象的差異を生み出しているのは、信念・判断・直観といった、対象が松であることにコミットするような心的状態ではないと主張している。

しかし(2)に対しては次のような批判が向けられる。仮に(1)が正しく、そのため(2)の前件「標的経験と対比経験に現象的な差異がある」が正しいとしても、後件の「E_1とE_2の内容は異なっている」が導かれるとは限らないのではないか。前章で現象的性格を導入した際には、知覚経験の現象的性格は知覚内容に対応していると考えられていると述べた。しかし、これを拒否する議論もある。たとえば、松を弁別できるようになった頃に主体は「松を見慣れた感じ（familiarity）」をもつだろうが、学習前後の現象的差異はこの見慣れた感じによると考えられるかもしれない。そして、見慣れた感じは、「ぼやけ（blurriness）」と同じように、知覚経験によって表象されている外的対象の性質ではなく、知覚経験自体の非表象的性質であるかもしれない（Brogaard 2013）。

ここで、**ぼやけからの議論**を少し説明しよう。第2章で述べた通り、現象的性格と内容が対応するという主張の根拠は、透明性（一人称的観点からすると知覚経験は性質をもたないように思われる、という現象）だった。しかし、ぼやけはこれの反例になるかもしれない。明確な輪郭をもつ対象を遠くから眺めると、その輪郭がぼやけて見える。このときの知覚経験はその対象を表象してはいるが、ぼやけは表象された対象の性質ではない。当然ながら、対象そのものの輪郭はぼやけていないからだ。むしろぼやけは、そのとき知覚経験自体の非表象的な性質だと考えられるのである。この考えが正しければ、知覚経験の現象的性格には、表象された性質だけでなく、知覚経験自体の性質も含まれていることになるだろう[11]。

前述の「松を見慣れた感じ」がもしあるなら、それは、ぼやけと同じように、知覚されている対象の性質ではなく、知覚経験そのものの性質であるだろう。というのも、見慣れる前後で変わったのは、松そのものではなく主体のあり方だからだ[12]。

この他にも、学習前後で変わってしまった「松に対する注意の向け方」（知覚内容ではなく知覚の仕方）の違いが現象的差異を生み出していると考える余地もある（Logue 2013）。このように、内容は同じままでも現象的性格は変化しうると考える余地があるのである。

さらに、たとえ(1)と(2)がともに正しくとも、(3)「E_1とE_2の内容の違いは、種性質が表象されているかどうかである」が導かれるわけではない。というのも、学習後には学習前よりもきめ細かな（しかし、対象が松であることを判定するために重要な）低次性質を知覚することができるようになった可能性があるからだ。先ほど学習前後では松に対する注意の向け方が変化するかもしれないと述べたが、注意の向け方が変われば、対象の低次性質をどれだけ正確に捉えられるかにも影響が出るだろう。そうすると、知覚内容の差異を生み出したのは、種性質ではなく低次性質のきめ細かさだということになる（Crutchfield 2011; Price, R. 2009）。つまりこのステップは、知覚内容の差異がどの性質に由来するかを示せていないのである（Pautz 2009）。

このように、現象的対比の論証にもさまざまな反論の余地がある。そうすると、現象的対比も、種性質は知覚可能であり現象的性格に反映される、という直観に基づいていることがわかるだろう。したがって、種性質の知覚可能性を支持する議論も、知覚可能性を否定する議論と同じく、決定的なものではないのである。

本章の教訓

これまでみてきたように、種性質の知覚可能性の支持者も反対者も、それぞれの直観に基づいて議論を作ってはいるが、どちらも相手の立場を否定するのに十分な議論を示せてはいない。このように論争が直観のぶつけ合いのような様相を呈しているところをみると、実際のところ現象的性格についての理論中立的で堅固な直観というものはないと考えられる。両者が挙げている例はどちらも日常的な経験に見出せるものであるため、どちらの直観も前哲学的な素朴な直観に含まれていると考えられるかもしれない[13]。日常的な直観がどちらか片方だけを明確に支持するとは言いがたいのである。

ここから引き出せる教訓は、**現象的性格に頼るだけでは高次性質が知覚可能かどうかに結論が出ないということである。**シーゲルの現象的対比の議論は、二つの経験を対比させるという工夫を施してはいるが、依然として、現象的性格という一人称的観点から知られる事柄が用いられている[14]。しかし、

第1章で述べた通り、一人称的な意識の観点から高次性質が知覚されているかどうかに結論は出そうにないのである。

また現象的対比は、現象学的見解が抱えるもう一つの問題も克服できていない。第1章では、高次性質の知覚可能性を示すためには、それぞれの高次性質ごとに異なる議論が必要だと述べていた。だが、現象的対比の議論はさまざまな高次性質に一般的に適用できるものである。そのため、この議論だけでは特定の高次性質の知覚可能性を主張するには不十分だと言えるだろう。さまざまなものに適用できる議論はそのぶんだけ内実がないのだ。

したがって、高次性質が知覚可能であることを示すためには、現象的性格以外のものに訴える戦略が必要になるだろう。そうした戦略は、次章で他者の情動の知覚可能性に関する議論をみるなかで明らかにしよう。

もう一つ本章の考察から示唆される点がある。それは、**仮に高次性質が知覚可能であったとしても、高次性質は低次性質とは異なる仕方で現象的性格に反映されているかもしれない**ということである。

この可能性は、高次性質の知覚可能性について議論があること自体から示唆される。種性質の知覚可能性を否定する論者も肯定する論者も、色や形といった低次性質が知覚経験の現象的性格に反映されていることは認めている。しかし、高次性質についてもそうなのかという点で意見が分かれている。ひょっとすると、この意見の相違は、高次性質と低次性質の現象的な違いに由来するかもしれない。言い換えると、高次性質は低次性質とは異なる仕方で知覚可能になっており、そのため、現象的な高次性質は現象的な低次性質とは異なる仕方で意識に現れているかもしれないのである。そのように考えることで、高次性質の知覚可能性を否定する論者の直観の一部を汲み取ることができるだろう。つまり、高次性質が低次性質と**同じように**現象的性格を構成することは否定できるのだ。

だが、高次性質が低次性質とは異なる仕方で知覚されているとはどういうことだろうか。低次性質の知覚とは異なることを認めつつ、それでも高次性質の経験が知覚だといえるのはなぜなのだろうか。そもそもどういった特徴があれば「知覚」とみなされるのか。この疑問に対する答えは、他者の情動の知覚可能性を検討する次章で明らかにしよう。

註

(1) 因果的共変関係や目的論から特徴づけられるトラッキング関係を用いて表象を捉える自然主義的知覚理論(たとえば、Dretske 1995; Tye 1995)は、種性質の知覚可能性と両立しうる。たとえば、われわれがリンゴ性についての意識経験をもつのは典型的にはリンゴが目の前にある場合であるため、その経験はリンゴ性によって因果的に引き起こされたと考えることができる。そして、リンゴ性のような種性質は人間が進化してきた環境のなかに存在する性質であるため、リンゴ性を表象する能力が進化の過程で獲得されたと考えてもおかしくはない。

(2) 現象的性格に注目せずに高次性質の知覚可能性を否定する議論と、それに対する反論としては、マズロアー(Masrour 2011)を参照。それによると、低次性質への気づきだけが不可謬性・非推論的直接性・基礎性・非概念性などをもち、そのため低次性質への気づきだけが知覚であると主張する立場は、どれもうまくいかない。

（3）以下の議論は表象説を前提としたものだが、ミラー（Millar 2000）やA・D・スミス（Smith, A. D. 2002: 49）は、表象説に言及せずに似たような議論を行っている。

（4）前章で挙げた関係説も、選言説を用いて誤りを説明できるだろう。つまり、正しい知覚の場合には種性質との見知りが成り立つが、誤った場合には成り立たないと主張するのである。マクダウェルは他者の心の知覚可能性について論じるなかで、こうした方針をとっている（McDowell 1982）。

（5）こうした応答は、双子地球の思考実験に基づいた議論に対しては有効ではない。たとえば、地球のオスカーがリンゴを見る経験と双子地球のトスカーがTリンゴを見る経験は、現象的性格は同じであり、かつ、どちらも正しいものである。すると、二つの経験の内容に共通に含まれているのは、リンゴとTリンゴが共通にもっている性質だけであり、そのため、リンゴ性やTリンゴ性は含まれてないということになるだろう。

だがポーツ（Pautz 2009）によれば、この場合でも、リンゴとTリンゴが共通にもっているが低次性質の集まりには還元できない「リンゴ的なゲシュタルト」が知覚されていると主張する余地はある。同様の論点としてライオンズ（Lyons 2005）は、学習によって知覚可能になるのは自然種的まとまりそのものではなく、知覚的な類似性でまとまりを作る知覚種（perceptual kind）だと述べている。

また、註(1)で述べた目的論的観点を導入すれば、地球にいるわれわれがリンゴを見たときの現象的性格は地球のリンゴをトラッキングするためのものであり、双子地球でTリンゴを見てリンゴ的な現象的性格をもつことは誤った知覚経験だと言えるようになる。

さらに、こうした議論は双子地球の対応物を考えられない高次性質には適用できない。たとえば、機能的性質を本質としてもつような人工種性には適用できないだろう。

（6）ロペスは、図像の「うちに見る（seeing in）」内容に情動の表出が含まれるかどうかを議論するなかで、それを決めるためには視覚内容一般の理論が必要になると述べている（Lopes 2005: 86–87）。この論点を教えていただいた高田敦史氏に感謝する。

（7）ベインは、低次性質の知覚可能性しか認めない立場を「保守派」と呼び、さまざまな高次性質の知覚可能性を認める立場を「リベラル派」と呼んでいる（Bayne 2009）。ひょっとすると、保守派は、かつて優勢だったセンスデータ説をいまだに引きずっているのかもしれない。というのも、前章で述べたように、表象説を文字通り認めるならば、種性質が内容に含まれることを否定する理由は一見したところないからである。

（8）この他によく挙げられるものとしては、連合型失認という障害に訴えるベインの議論がある（Bayne 2009）。またスピークスは、直示的思考への利用可能性から種性質の知覚可能性を擁護している（Speaks 2015, chap. 20）。

（9）他にもシーゲルは、意味論的性質や因果関係にこの議論を当てはめ、それらの知覚可能性を擁護している（Siegel 2010）。またマクブレアーはこの議論を使って道徳的性質の知覚可能性を擁護している（McBrayer 2008）。

（10）前章の註(12)で挙げた「認知の現象学」が認められるなら、この可能性も出てくる。

（11）もちろん、ぼやけからの議論への反論もあるし、それに対する再反論もある。ぼやけは表象説にとっての深刻な問題の一つとされ、多くの議論を呼んでいる（たとえば、Allen 2013; Crane 2006; Dretske 2003; Pace 2003; Tye 2002）。

（12）こうした反論に対してシーゲルは、対象を（見慣れたものとして）表象していない見慣れた感じという経験はありえないと主張している（2010: 109）。だが、ぼやけとの類比からわかるように、見慣れた感じが非表象的である可能性はある。

（13）こうした事情を考慮してフィッシュは、現象的性格についての直観は論者がコミットしている立場の影響を受ける可能性があると論じ、そうした方法論的な問題を避けるため、経験科学で扱われる観点も考慮しつつ問題に取り組んだ方がよいのではないかと示唆している（Fish 2013）。

（14）こうした点を考慮してナナイは、現象的性格に訴えずに、無意識的知覚を使って、行為性質という高次性質の知覚可能性を示そうと試みている（Nanay 2012b）。

第4章　他者の情動の知覚

複雑な気持ちや無意識の情動を除けば、自分がいま怒っているのか、楽しんでいるのか、悲しんでいるのかは、自分にとってほぼ間違いなく明らかだろう。他方でわれわれは、「この人は怒っている」、「あの人は悲しんでいる」というように、他者がいまどのような情動をもっているかを判断している。では、こうした判断はどうやって可能になっているのだろうか。

その説明の一つは、本章で取り上げる知覚説である。他者の情動は文字通り知覚でき、その知覚に基づいて他者の情動を判断できるというのだ。

前章と同じく本章でも、問題となっている高次性質、つまり、他者の情動の知覚可能性を積極的に擁護するわけではない。本章も、さまざまな高次性質の知覚可能性を考えるうえで必要な論点の特定に焦点を合わせたい。

1　素朴心理学

心的状態の帰属

他者の心的状態を判断することは普段の生活で非常に重要である。たとえば、あの人は怒っていると判断したらなだめようと試み、悲しんでいると判断したらなぐさめようとするように、判断に応じて他者への働きかけが異なってくるだろう。もちろん、こうした判断がつねに正しいとは限らない。平然としていると思っていた人が実は悲しんでいたといったことはよくあるし、愛憎入り混じった複雑な情動などは完璧に把握しがたい。とくに、よく知らない人の心の状態を正確に理解するのは難しいだろう。

だが、本章で問題にしたいのは、他者の情動に関する判断が正しくなる確率はどうすれば上がるか、といったことではない。問題は、そもそもわれわれはどのようにして他者の情動を判断しているのか、ということである。当たるにせよ外れるにせよ、われわれは、「あの人は怒っている」や「あの人は悲しんでいる」など、何かしら他者に情動を帰属させる判断を下すことができる。こうした判断は見ず知らずの他者に対してもなされる。たとえば、まったく知らない人が道端で顔を真っ赤にして大声を出しているのを見た場合でも「あの人は怒っている」と判断できるだろう。

こうした判断を下せる能力は**素朴心理学**（folk psychology）と呼ばれる。素朴心理学は、他者に心的状態（情動に限らず、意図や欲求、信念など）を帰属させ、帰属させた心的状態の観点から他者の行動を予測・理解する能力である。

素朴心理学は、物体の振る舞いを予測・理解する能力とは異なっている。物体の振る舞いは物理法則にしたがっており、そのため法則的に予測できるが、心をもつ主体の振る舞いは心的状態にも依拠しているので、法則的に予測・理解できるとは限らない。それを理解するためには、その主体がもつ心的状態を理解する必要があるのだ。

本章での問題は、こうした素朴心理学がどのように可能になっているのか、ということである。

理論説とシミュレーション説

素朴心理学を説明する理論として心理学や認知科学で有力な考えは、**理論説**（theory-theory）と**シミュレーション説**（simulation theory）である。

理論説は、われわれが他者の心的状態について知るときには「心の理論（theory of mind）」に基づいた推論が行われていると主張する。心の理論とは、簡単に言えば、どのような刺激がどのような心的状態を引き起こすか、そうした心的状態は行動や他の心的状態にどのような影響を与えるか、といったことに関する理論である。

この考えは霊長類研究者のプレマックとウッドルフの論文「チンパンジーは心の理論をもつか」

(Premack and Woodruff 1978) で最初に導入された。チンパンジーは他の個体や人間に心的状態を帰属させているようにみえる振る舞いをするが、プレマックとウッドルフは、チンパンジーに本当にそうした能力があるのかを調べるいくつかの実験を行った。この論文はさまざまな議論を呼び、その後、チンパンジーだけでなく乳幼児や自閉症児を対象としたさまざまな実験が行われ、現在でも理論説は注目され続けている。

そうした実験をここで説明することはできないが、理論説の基本的な考えは次のものである。すなわち、他者の心的状態は観察可能な行動に心の理論を適用することで理解される、ということだ。この点は、観察可能な知覚対象に科学理論を適用することによって、電子などの目に見えない理論的対象の存在を知ることと類比的だろう。われわれは心の理論をもっているおかげで、単なる物体と心をもつ主体を区別し、他者に何らかの心的状態を帰属させることができるというのだ。

他方でシミュレーション説は、理論説の代替案として登場したものである。この立場によれば、他者の心的状態は自分の心をモデルとしたシミュレーションを行うことによって理解される(Goldman, A. I. 1989; Gordon 1986)。おおまかに言えば、他者が置かれた状況を想像する、他者の立場にたった「ふり」をすることで、他者の心的状態がわかるということだ。おおよそ人間はだいたい同じような認知システムをもち、同じ状況に置かれれば同じような心的状態になると考えてよいだろう。そうであるなら、心の理論という科学理論と類比的な知識を身につけずとも、自分の心的状態をモデルとして他者の心的状態についての判断を下すことが可能だと考えられるのである。

二つの立場の違いを簡単に言うと、理論説は外界対象の理解をベースにして他者の心的状態の理解を説明しており、シミュレーション説は内観による自身の心的状態の理解をベースにしている、ということになる。とはいえ、ひょっとすると心の理論の適用とシミュレーションとでは重なる部分もあるかもしれず、厳密に両者の区別をつけるのは難しいかもしれない。また、ある場面では心の理論が使われ、別の場面ではシミュレーションが行われると主張する余地もあるかもしれない。実際のところ、両者を組み合わせたハイブリッド理論も提案されている[1]。

とはいえ、本章の問題は二つの立場のどちらが正しいのかということではない。ここで検討するのは、二つの立場に共通する前提、他者の情動は知覚できるものではないということである。この前提があるからこそ、他者の情動についての判断を下すためには、心の理論の適用やシミュレーションといった知覚的ではない心的操作が必要だと考えられているのだ。

知覚可能性と不可謬性

「他者の心は知覚できない」という考えは、日常的な観点からしても非常にもっともらしく思われる。われわれは普段、情動は個人の内面に隠されていると考えているのではないだろうか。

こうした直観を支持するために次の二つの理由が挙げられるかもしれない。第一に、自分がいまどのような情動をもっているかは自分にとって明らかだが、他者がいまどのような情動をもっているかについてはそうではない、ということである。他者の情動について間違った判断を下してしまうことはよくあるだろう。

第二に、われわれは自分の情動を他者に悟られないように隠すことができる。たとえば、本当は悲しみを感じていたり退屈を感じていたりするのに、それを悟られないように笑顔を作ったりする場合がそうだろう。他者がこうした演技を行っている場合、その人がどのような情動をもっているのかを知ることは困難である。他方で、顔をしかめている、口角が上がっている、といった表情などの外見的特徴（それを構成している低次性質の集まり）は、見てわかる。こうした違いから、表情や行動といった外見的特徴は知覚可能なものだが、情動そのものは知覚不可能だと考えられるかもしれない。

しかし、これら二つの考えは知覚説を否定するのに十分ではない。というのも、他者の情動について誤った判断を下してしまうのは、その判断が誤った知覚経験（錯覚）に基づいているからだと言う余地があるからだ。

それを理解するうえでまず注意すべきなのは、知覚可能性と不可謬性を混同してはならない、ということである。つまり、ある対象が知覚できるということは、その対象についてつねに正しい判断を下せることを含意しないということだ。

第1章と第2章で説明したとおり、知覚可能性と不可謬性とを結びつけるセンスデータ説はさまざまな問題を抱えこんでしまっていた。そして、そうした問題を回避するために、知覚経験が誤ることを認める表象説が広く受け入れられるようになっていたのである。表象説では、色や形といった低次性質、そして、それらから構成されている人の外見的特徴を知覚し損なう場合も認められる。錯覚や幻覚の場合、対象が実際にもっていないような低次性質が、対象がもっているかのように知覚経験によって誤って表象されるのである。

重要なのは、こうした説明は高次性質についても可能だということである。そうであるなら、他者の情動について誤ってしまう場合も、誤った知覚経験とみなすことができるだろう。われわれは他者の情動を知覚できるのだが、知覚経験はときに、他者が実際にもっていないような情動を誤表象してしまう（錯覚に陥っている）と考えることができる。そのため、他者の情動についての誤りは、知覚可能性を否定するのに十分ではないのである。

だが、ここで説明されたのは、知覚可能性を**主張する余地がある**ことであって、知覚説が正しいということではない。それを示すためには積極的な議論が必要になるだろう。

2　現象学的事実と知覚メカニズム

現象学的事実

第１章でシェーラーの現象学的事実に関する主張をみたが、それによれば、われわれは他者の情動を知覚によって捉えることができる。顔をしかめている人を見ればこの人は怒っているとすぐさまわかり、涙を流している人を見ればこの人は悲しんでいるとすぐさま気づく。こうした場合、他者の情動を知るために、その人がいまどのような情動をもっているのかをいちいち考えてはいない。むしろ、他者の情動はその振る舞いを見れば即座に理解できる。もちろん、振る舞いから推測した結果として、他者の情動について何らかの判断を下せるようになる場合があることは確かである。だが、すべての場合がそうなのだろうか。シェーラーが挙げているように、他者の情動がすぐさまわかる場合には、他者の情動は知覚されていると考えられるのではないだろうか。

シェーラーに限らず、フッサールやハイデガー、メルロ＝ポンティといったさまざまな現象学者が他者の情動の知覚について示唆的な見解を残している。そうした見解を出発点として、近年では現象学者に限らず多くの研究者が、他者の情動の知覚可能性の議論に参加するようになっている(2)。そして他者の情動の知覚説は、知覚可能性を否定する考えが支配的である心理学や認知科学に対して、新たな理論的選択肢を提示すると期待されているのである。

先ほど述べた現象的事実は、確かに、他者の情動が知覚可能だと考える出発点になるだろう。しかし、これまでみてきた通り、現象学的事実や知覚経験の現象的性格をみただけでは、高次性質が知覚可能であるかどうかに決着をつけるのは不可能だと思われる。というのも、自身の経験を記述する能力が自身の心的状態を完全に明らかにするとは限らないからだ。ひょっとすると、他者の情動について判断を下す際には心の理論の適用やシミュレーションが用いられているのだが、われわれはそうしたものが介在していることに気づく能力をもっていないかもしれない。

そのため、他者の情動の知覚可能性を主張するためには別の観点も考慮する必要があるだろう。実際に現代の研究者は、現象学的事実を出発点にしつつも、そうした現象学的事実を成り立たせているようなメカニズムについての考察を行っている。

付帯現前を用いた知覚説

他者の情動の知覚を支えるメカニズムについては、たとえば、フッサールの付帯現前（apprasentation）のアイディアを利用したもの（Smith, J. 2010）や、メルロ＝ポンティが指摘した知覚の身体・技能的側面を強調するもの（Gallagher and Zahavi 2008, chap. 9; Gangopadhyay and Miyahara 2015）が挙げられるだろう。こうした議論では、たとえば視覚は、付帯現前や身体技能といったものが関わっているために現在視界に入っている物体の一側面がもつ色や形以上のものを捉えることができ、そして、そこで捉えられているものには他者の情動も含まれると主張される。つまり、こうした議論では、**他者の情動の知覚に関わるメカニズムを特定することを通して、その知覚可能性が擁護されている**のである。

その一例として、以下では、フッサールの付帯現前のアイディアを利用したジョエル・スミスの見解（Smith, J. 2010）を検討してみよう[3]。

スミスによれば、そもそも知覚は、局所的な刺激が与えられていない対象の部分も捉えることができる。たとえば、目の前にある本を見るとき、主体からみて反対側の部分が反射している光は、網膜に入ってこない。網膜に入ってくるのは正面部分から反射された光だけである。しかし、われわれが本を見たとき、その本には裏側があるということに気づきうる。この場合、視界に入っている一部の

(a)　(b)

アモーダル完結

表面は「現前」しており、本の裏側は「付帯的に現前している」と言われる。

そしてスミスは、本の裏側に気づくことも**視覚経験**の現象的性格に反映されていると主張する。つまり、裏側も見えているというのだ。ここで、裏側に気づくことは実際のところ視覚経験の一部ではなく、「裏側がある」と信じられているだけではないか、という反論があるかもしれない。これに対してスミスは、**アモーダル完結**（amodal compilation）を引き合いに出している。

上の図の(a)と(b)に含まれるそれぞれの正方形の面積は同じであり、また、黒い色をしている部分の面積も同じである。しかし、(a)の黒い部分は(b)と同じようなパックマン型をしているというよりも、円の一部が正方形によって隠されているように経験される。(a)は、正方形とパックマン型の図形が単にくっついたものであるようなものとしては経験されないのである（そう見ることも可能だが、ぱっと見でそうはならないだろう）。このとき、隠されているように経験される部分からの網膜に与えられる局所的な刺激はなく、(a)と(b)とでは局所的な刺激の総量は同じである（正方形と黒い部分の位置関係を含んだ全体的な刺激としては異なる）。

だが、(a)の黒い部分が隠された円であるように経験されることは、信念としては説明できない。というのも、(a)の経験はある意味で錯覚だからである。当然ながら(a)は画像であり、そもそも裏側はない。そのため、(a)を見たときに本当に裏側があると信じるわけはないだろう。むしろ、隠れている部分は知覚的に（錯覚として）意識に現れていると考えられるのである。こうした事例からスミスは、裏側の経験である付帯現前も知覚経験の一部だと主張しているのである。

裏側の知覚は付帯現前によって説明されるが、では、付帯現前そのものはどのように説明されるのだろうか。フッサールは付帯現前を「予期」という用語で説明している。それは、「もし自分が対象の裏側に回ったら対象が（付帯的にではなく実際に）現前するようになる」ということが、裏側に回っていないときにも意識に与えられているということである。対象をさまざまな角度から見回したとき、次々に異なる部分が実際に現前するようになるが、そうした部分は体系的に調和した仕方で現前する。こうした調和があるために、ある地点から対象を眺めているときにも、もし裏側に回ればいま視界に入っている表側と調和するような裏側が現れるだろうということが予期されるというのである。

ここで、「予期」という用語に注意が必要である。対象の裏側が予期されているということは、「裏側に回れば裏側が視界に入るだろう」というような信念・期待とは異なる。アモーダル完結の事例で説明したように、付帯現前としての予期は、実際に裏側をもたない画像を見る場合でも生じるからだ。むしろ予期は、低次性質を伴わない知覚を指していると理解したほうがいいだろう。実際に現前している対象の表側は、特定の色を伴って意識に現れている。だが、裏側が知覚的に経験されるとき、表側と同じように色を伴って経験されているわけではない。それでも裏側が知覚されているということが予期なのである。

スミスはフッサールに基づいて予期は知覚だと主張しているのだが、別の観点からもこの考えを支持できそうだ。たとえば、アモーダル完結の場合、隠されている部分に対応する一次視覚野の活動があると言われている（Sugita 1999）。第1章では、脳領域をさまざまな経験に対応づけて切り分けるためには知覚可能性についての理論が必要だと述べたが、一次視覚野は視覚的処理のなかでも最初期のものであり、この部分が視覚経験に関わることを否定する人はほとんどいない。そのため、一次視覚野での活動がみられる裏側の経験を知覚とみなすことはそれなりに説得的である(4)。

また、対象の一部が別の対象によって隠されているのではなく、一つの対象の裏側が視界に入っていない（対象の表側によって裏側が隠されている）場合の知覚は、立体性の知覚によって説明されると考えられる。視覚システムは網膜に与えられた二次元的な刺激から立体性を復元していると言われるが（Marr 1982）、立体性が復元されるからには、当然、対象に裏側があるということも視覚システムによって捉えられているだろう。こうした点を考慮するなら、視界に入っていない対象の裏側も視覚経験の現象的性格に反映されていると考えるのはそれほどおかしくはない。

このように付帯現前の具体的な説明にはいくつか候補があるだろう。ともかく重要なのは次の点である。すなわち、付帯現前という考えにしたがうなら、現在視界に入っていないという意味で見えていない物体の裏側も、物体全体の一部として、視界に入っている表側に付帯的に意識に与えられ（予期され）、その意味では見えていると言えるのである。

そしてスミスは、こうした付帯現前から他者の情動の知覚可能性を支持する手がかりが得られると述べている。

付帯現前の拡張

スミスによれば、「ある意味では見えていないが別の意味では見えている」ということは他者の情動にもあてはまる。他者の情動は、振る舞いという明らかに知覚可能なものに付帯的に知覚（予期）されているというのである。

しかしこれに対しては、（フッサール自身も『デカルト的省察』五〇節で指摘しているように）すぐさま次の問題が生じる。物体の裏側は実際に裏側に回ればどうなっているか確かめられるが、他者の情動は裏側に回っても確かめられない。そのためこのアナロジーは不適切ではないか。

これに対しスミスは（同じく『デカルト的省察』の五二節に依拠して）付帯的に現前している他者の情動は、その情動と関連するその後の振る舞いによって確かめられると主張している。たとえば、付帯的に現前している怒りは、顔をしかめたり大声を出したりするなど、その人がそのうちに示す怒りに「調和的な振る舞い」を見ることで確かめられるというのだ。そのため、他者の情動も物体の裏側と同じように、その後の知覚によって確かめられるものとして予期されているというのである。

スミスによると、この見解は他者の情動の知覚可能性を主張する理論を作るための素描でしかない。そして、論文の他の議論は、この考えを情動の機能主義と整合的にする方針や、可能な反論に対する応答にあてられている（Smith, J. 2010）。

だがここでは、この素描そのものに問題があると指摘したい。ここで挙げたような仕方で付帯現前に訴えるかぎり、避けられない問題があるのだ。

問題点

スミスの議論には以下のように反論できるだろう。確かに、他者の振る舞いを見たときには「この人は怒っている」といった判断が下され、そうした判断にはここで挙げた付帯現前が関わっているかもしれない。だが、当該のメカニズムは、低次性質の知覚と、情動についての判断をつなぐ推論や解釈（たとえば、心の理論に基づいた推論やシミュレーション）に寄与するメカニズムとしても理解できるのではないか。言い換えると、知覚は低次性質しか捉えられないが、当該のメカニズムがあることで、そうした性質の集まりを他者の情動として解釈できるようになると考える余地もあるのだ（この点はクルーガーも指摘している［Krueger 2012］）。

こうした反論の余地があるのは、情動知覚のメカニズムとして挙げられている付帯現前が**拡張的な**ものだからである。物体の裏側の知覚に見出される付帯現前というメカニズムを文字通りに他者に適用して言えるのは、現在視界に入っていない他者の背面も予期されているということだけである。そのため、他者がそのうちにみせる振る舞いや、その振る舞いに関わる情動も付帯的に知覚されていると主張するためには、付帯現前というメカニズムを拡張する必要が出てくる。たとえば、本来の付帯現前で調和的だと言われていたのは裏側に回ったときに現前するようになる対象のさまざまな現れだけだが、情動の場合には調和的なさまざまな振る舞いに対応する情動というものが導入されていた。

問題が生じるのはまさにこうした拡張の段階である。こうした拡張によって、付帯現前が非知覚的なものにすり替わっている可能性が出てくるのだ。

本来の付帯現前が「知覚的な」メカニズムであることは、アモーダル完結によって説明されていた。しかし、他者の情動の知覚可能性を主張するために付帯現前を拡張したときに、もともとの付帯現前で保証されていた「知覚的な」メカニズムであるということが維持されているかどうか判然としていない。そのため、結局のところ知覚（予期）されているのは情動そのものではなく情動に関連する振る舞いだけであり、情動はそこから推測されるものだと考える余地が出てくるのである。

付帯現前に限らず、身体技能などのメカニズムを利用する見解にも同様の問題が生じるだろう。一般的に言うと次のようになる。知覚と認められるケースで働くメカニズムを応用して他者の情動の知覚可能性を主張する場合、前者のメカニズムと同じく後者のメカニズムも知覚的であることが保証されていなければ、情動が知覚されたのか推論・解釈されたのかが定かではない。したがって、他者の情動の経験に関わるメカニズムを提案するだけでは、それが知覚に寄与するものなのか推論・解釈に寄与するものなのか判然としていない。そのためこの方針は、他者の情動の知覚可能性を主張するのには不十分なのである。

ここで次のような反論があるかもしれない。たとえ知覚なのか推論・解釈なのか判然としていないとしても、当該のメカニズムによって高次性質が「経験」可能になっているという点は認められるだろう。そして、推論や解釈といった思考と知覚は、意識のレベルでは（あるいは、現象学的には）不可分なものとして一緒に経験されているように思われる。そうであるなら、知覚とその他の心的状態とを厳密に区別する必要はなく、高次性質が当該のメカニズムによって経験可能なものになっていると主張できればいいのではないか。その場合、他者の情動についての判断は知覚と推論・解釈が一体となった経験に基づいていると主張することになるが、それはある意味で情動の知覚説を主張したことになるのではないか。

確かに、知覚と思考は不可分であると主張する立場は、理論説でもシミュレーション説でもなく、それらの代替案となる新しいものかもしれない。だが、他者の情動の知覚可能性を擁護するうえでは、他者の情動は思考とは区別された意味での「知覚」の対象となっていると主張することが重要である。その重要性は、第1章で挙げた認識論的影響に関わっている。それは、高次性質が知覚可能であるなら、高次性質についての信念・判断は知覚によって非推論的に正当化されていることになる、というものだった。他者の情動の知覚説は本来、こうした主張を導こうとしていたのではないだろうか。つまり、他者の情動を知るためには知覚だけで十分な場合があり、他者の情動についての判断は非推論的に正当化されていると主張したかったのではないだろうか。

しかし、他者の情動の経験に思考が関わると認めてしまったら、こうした主張を導くことはできない。その場合、高次性質の知覚可能性を主張する立場に課せられた認識論的課題を果たせなくなってしまうだろう。すると、他者の情動の経験が厳密な意味で知覚であるかどうかに事の真相はないと考える人を説得できなくなってしまうのである。

一つめの戦略

以上の考察から、他者の情動に限らず、さまざまな高次性質の知覚可能性を主張するために必要な一つめの戦略が示唆される。

前述の議論の問題をより一般的に言えば次のようになる。すなわち、知覚的だと認められているメカニズムを拡張的に用いて高次性質の知覚可能性を主張すると、拡張されたものが推論・解釈的なものにすり替わった可能性が出てしまう。そのため、高次性質が知覚されたのか推論・解釈されたのかが明確ではなくなってしまうのである。

この問題を回避するには次の戦略が有効だろう。それは、**高次性質の経験を支えるメカニズムは拡張的なものではなく、低次性質の経験を可能にするメカニズムと同じものであると示す**というものである。これがうまくいけば、問題となる高次性質の経験は、低次性質の経験と同じく、知覚だと言うことができるだろう（第5章ではこの戦略を用いて不在の知覚可能性を擁護する）。

だが、すべての高次性質が低次性質と同じメカニズムによって捉えられると主張するのは難しそうだ。たとえば、前章で検討した種性質の場合、それを知覚するためには学習が必要だと言われていた。これに対し、低次性質を知覚するためにはそうした学習は必要ないと考えられる（低次性質にも学習が関わるかもしれないが、それは高次性質を知覚するために必要な学習とは内容が異なるだろう）。したがって、学習が関わりそうな高次性質の知覚可能性を主張するためには、何らかの点で、拡張的なメカニズムを使う必要があると考えられるのである。

そのため以下では、拡張的なメカニズムを導入する場合に、どのようにすれば高次性質の知覚可能性を主張できるかを検討してみよう。

3　典型的な知覚とのアナロジー

一つの方針は、低次性質についての判断と高次性質についての判断の共通点を強調するというものである。たとえば、「これは赤い」といった低次性質についての信念や判断は、推論や解釈を介さず、赤さの知覚のみに基づいて非推論的に形成されることが認められる。こうした典型的な知覚的判断と高次性質についての判断に共通点があるなら、後者も知覚のみに基づいて非推論的に形成されたと言えるかもしれない。

以下では他者の情動についての判断を取り上げて共通点を検討するが、そうした共通点はその他の高次性質についての判断にもみられるものである。そのため以下の論点は、他の高次性質の知覚可能性を主張する際にも使えるだろう。

意識的推論の不在

たとえば赤いものを見たとき、何らかの推論を意識的に行うことによって「これは赤い」と判断しているわけではない。その判断は赤さの知覚に基づいて非推論的に形成されている。そしてこの点は「この人は怒っている」という判断と共通しているように思われる。顔をしかめている人を見て「この人は怒っている」とすぐさま判断する場合に、意識的な推論を行っているようには思えない。そうだとすると、他者の情動についての判断も、情動の知覚に基づいて非推論的に形成されたと考えられるかもしれない。

だが、この考えには反例があるように思われる。たとえば、科学者が霧箱のなかの飛跡を見て「α粒子が通過した」と判断する場面を考えてみよう。そうした実験に慣れ親しんだ科学者が飛跡を見たとき、とくに意識的な推論を介さず「α粒子が通過した」と判断するだろう。だが、意識的な推論が介在していないからといって、すぐさまα粒子が知覚されたということにはならない。むしろ、「α粒子が通過した」という判断は、飛跡の知覚に無自覚の推論が加わって成立したと考えられるかもしれない（同様の例は Silins［2013］で挙げられている[5]）。

ここで、この場合にα粒子が知覚されたと主張する余地もあると思われるかもしれない。だが、この応答は目下の「典型的な知覚的判断との類似点を強調する戦略」にはふさわしくないことに注意しよう。というのも、典型的な知覚的判断の対象として取り上げられている色や形は人間の視覚システムで捉えられることが問題なく認められるのに対し、α粒子は人間の視覚システムでは捉えられないほど小さなものだからである。そのため、この場合にα粒子が知覚されたと主張する場合には、霧箱という装置が介在することや、そうした実験に慣れ親しむことによって、視覚が捉えられる対象が広がることを示す議論が必要になる。だがこれは、まさにここで検討しているような、拡張的メカニズムを用いて高次性質の知覚可能性を主張する議論である。したがって、α 粒子の知覚可能性を強調する議論が成功するかどうかにかかわらず、この応答は「典型的な知覚的判断との類似性を強調する戦略」からは逸脱している。この戦略は、知覚によって非推論的に正当化されていると**問題なく**認められる判断（たとえば色判断）と他者の情動についての判断の類似点から、他者の情動についての判断も知覚に基づいて非推論的に形成されたのではないかと主張するものである。そのため、知覚できるかどうかが問題となっている他者の情動の知覚可能性を主張するために、知覚可能性が同じくらい問題になる事例を持ち出すのはふさわしくないのである。

このように、意識的な推論の不在だけでは、判断が知覚によって非推論的に正当化されているのかどうかを判定することはできないのである。

強制性

知覚は特定の判断を強制するという点も指摘されている（Bayne 2009）。たとえば赤くて丸いものを見たとき、その視覚経験だけに基づくなら、赤くて丸いものが見えると判断せざるをえない。どんなに四角くて青いものが見えると信じようとしても不可能である。[6] このことは他者の情動の信念・判断にもあてはまるように思われる。顔をしかめている人を見たとき、その視覚経験だけに基づくなら、「この人は怒っている」と判断せざるをえず、「この人は楽しんでいる」と判断するのは不可能である。[7]

こうした共通点は、他者の情動についての判断も情動の知覚に基づいて非推論的に形成されたことを示唆しているのではないだろうか。

しかし、推論が介在していると思われる判断にもこうした強制性がみられることもある。前述の科学者が飛跡を見たとき、ほぼ不可避に「α粒子が通過した」と判断するだろう。したがって、他者の情動についての判断に強制性があること自体は、情動の知覚可能性を主張するには不十分である。

自己中心的な定位

知覚によって判断できる内容は自己中心的なものに限られるという点も挙げられている（鈴木 2014）。そもそも知覚は主体が現在置かれた環境のなかでの行為を導くものであるため、現在主体の周りに存在している個物について、知覚者を中心とした相対的位置関係を明らかにすることは、知覚にとって本質的だと考えられる。別の言い方をすれば、知覚は直示を可能にするようなものだと考えられるのだ。それに対し推論や解釈といった思考は、主体が現在いない環境についての内容をもちうるし、個物だけでなく直示できない抽象的対象についてのものでもありうる。

こうした自己中心的な定位や直示的内容は、他者の情動についての判断にもみられる。たとえば、「あの人の怒りはおさまりそうにない」といった判断に含まれる「あの人の怒り」は、目の前にいる人の状態を直示しており、主体との相対的位置関係を含んでいるように思われる。この点から、他者の情動についての判断も知覚に基づいていると考えられるかもしれない。

だが、この提案も不十分である。というのも、自己中心的な定位や直示的内容は低次性質の知覚があれば十分だと考えられるからだ。反対者はまず、他者の外見的特徴を構成する低次性質の集まりが知覚されていれば、その低次性質を直示することが可能になると指摘するだろう。そして非知覚説では、他者の情動についての判断は、低次性質の集まりの知覚とそれに基づく判断に、理論的推論やシミュレーションが組み合わさって形成されるものだと主張されている。そうであるなら、低次性質の知覚によって与えられた自己中心的な直示的内容は、それに非知覚的な認知的処理を加えて形成された他者の情動についての判断に引き継がれると考えられるだろう。つまり、他者の情動についての判断は、直示内容をもちつつも推論的に形成されたと言えるのである。

乳幼児の反応

他者の心的状態の知覚可能性を擁護するうえで乳幼児の反応がよく引き合いに出される。乳幼児は他者の情動を理解するための概念や知識、理論に基づいた推論を行う能力を持ち合わせていないと考えられるが、それでも、情動に関連する振る舞いに反応する。たとえば、笑顔に対しては笑顔を返すといった反応がみられるのである。

ここから、乳幼児がみせる（概念・理論的ではない）情動に対する反応は、知覚だと考えられるかもしれない（Gallagher 2008）。典型的な知覚との共通点から言うなら次のようになる。赤さを知覚するために赤についての概念や理論をもっている必要はないと言われるが、それと同じく概念や理論なしに可能である他者の情動に対する反応は、情動の知覚に基づくと考えられるのではないだろうか。

だが、この論点には複数の問題がある。第一の問題は、乳幼児にどれくらいの能力を求めるかというものである。知覚説を擁護するために乳幼児の反応を引き合いに出す論者は、乳幼児は知覚のための能力をもっているが高度な認知能力はもっていないこと、そして、非知覚的に他者の情動を知る方法は高度な認知能力の行使を必要とするということを前提としている。だが、他者の情動を知るための非知覚的な方法は、さほど高度なものではないかもしれない。少なくとも、シミュレーション説を主張する論者は、理論説との違いとして、シミュレーションは心に関する理論・知識なしに行えるものだと主張している。また、理論説の論者でも、理論的推論に使われる知識の一部は生得的なものであり、乳幼児もそれを使えると主張する余地がある。つまり、知覚説だけでなく非知覚説も、乳幼児に可能な程度の理論的推論やシミュレーションがあると想定すれば、乳幼児が他者の情動に反応することを扱えるのである。

そうすると今度は、理論的推論とシミュレーションと知覚はどう違うのかということが問題になるだろう。だが、知覚とその他の心的状態がどう違うのかということは、まさにここで検討している問題そのものである。そのため、乳幼児の反応に訴える方針は、結局のところ振り出しに戻ってしまい、知覚説を支持する根拠にはならないのである。

第二の問題は次の通りである。すなわち、たとえ乳幼児に情動に対する反応がみられるとしても、あくまでそれは他者の情動の経験の原型もしくは単なる反射的な反応でしかなく、成人がもつような完全な他者の情動の経験には不十分かもしれない、ということである。成人がもつ他者の情動経験では、成長するにつれて獲得された知識や概念が大きな要素を占めており、そこに解釈や推論といったものが寄与している可能性がある。つまり、たとえ情動に対する反応が乳幼児にあるとしても、成人がもつ完全な経験を説明するためには、学習によって獲得された知識や概念といったものとその反応の関係を説明する必要があるかもしれず、そしてこの段階で、高度に洗練された心的操作に訴える必要が出てくる可能性があるのだ。

第三に、反論というよりも、より一般的な観点からみたときの懸念を述べておこう。他者の情動の知覚可能性を主張するうえでは、前理論的あるいは学習されたものではない反応を強調するのはそれほど悪くないかもしれない。しかし、他の高次性質の知覚可能性を考える際には、この論点はあまりいいものではない。というのも、乳幼児の反応を根拠にすると、知覚可能な高次性質を不必要に制限してしまうおそれがあるからである。前節の最後で述べたように、いくつかの高次性質の知覚には学習が関与しそうだが、乳幼児の反応を強調する方針では、そうした知覚を認められないのだ。

情動の身体性

最後に、少し異なる方針に目を向けてみたい。それは、身体状態は情動の一部であるため、他者の身体状態を知覚することは情動の一部を知覚することなのだ、と主張するものである（たとえば、信原 2014）。

情動の身体性を強調する立場の源流としては、「悲しいから泣くのではない、泣くから悲しいのだ」というフレーズが有名なジェームズ－ランゲ説が挙げられる。こうした立場では、はらわたが煮えくりかえるような怒りや胸が痛くなる悲しみなどは、自身の身体状態の知覚経験だと言われる。情動は、内臓や血管、筋肉、ホルモンに関わる内分泌系や脳の状態の知覚から成り立っているというのだ（たとえば、Damasio 1994; Prinz 2004）。

こうした考えにしたがうと、他者の身体状態を知覚することは他者の情動を知覚することだと主張できるかもしれない。とはいえ、さすがに内臓や脳といった皮膚の内側は見えない。見ることができる身体状態としてまっさきに挙げられるのは表情だろう。文化横断的な情動研究で有名なポール・エクマンは、いくつかの表情は文化を超えた普遍性をもち、それらは生得的な基本情動に対応すると述べている（たとえば、Ekman and Freisen 1971）。ひょっとすると、こうした表情は情動の構成要素であると考えられるかもしれない。この考えが正しければ、表情を見ることは情動の一部を見ることだと言えるだろう（対応する表情がある情動に限られるが）。そして、情動の一部が見えるなら、情動は見えるものだと主張できる。というのも、そもそも対象を知覚するとは、対象の一部を知覚することだからである。たとえば、チーズの一部分を食べれば（チーズを丸呑みしなくても）、チーズそのものを食べたと言えるように、トマトの表面を見ればトマトそのものを見たことになるだろう（Clarke 1965）。それと同じく、情動の一部を見ることは、情動そのものを見ることになると主張できるのだ。

この考えはこれまで検討したなかでは最も見込みがあるように思われる。だが、これも手放しでは認められない。ここではこの立場への懸念を述べておきたい。

その懸念を説明するために、怪我と痛みについて考えてみよう。まず、怪我は痛みを構成する身体状態だと考えていいだろう。次に、他人の怪我を見ることができるという点も問題なく認められる。しかし、他人の怪我を見たからといって自分が痛みを知覚したことにはならない。当然ながら、他人の怪我を見ても（「うわー痛そう！」とは思うが）、自分に怪我があるときのような痛みを感じるわけではないからだ。

その理由は知覚の因果経路にあるだろう。確かに、他人の怪我を見る場合、その身体部位によって反射された光が自分の網膜を刺激し、その部位についての視覚経験を生じさせるという因果関係は成り立っている。だが、その種の因果関係は、怪我を痛みとして知覚させるものではない。怪我が痛みとして知覚されるためには、適切な感覚モダリティ（痛覚神経）を介した知覚が必要なのである。[8]

同じことが情動にも言えるかもしれない。情動が表情などの身体状態の知覚から成り立っているという主張は正しいかもしれないが、身体状態が情動として知覚されるためには、それにふさわしい感覚モダリティ（おそらく、体性感覚）を通した知覚が必要だと考えられる。そして、他人の表情を見るときに使われる視覚は、ふさわしいモダリティではないと考えられるのだ。

以上の指摘は、情動の身体性を強調する知覚説への決定的な反論ではない。しかし、この立場を擁護するためには感覚モダリティに関する考察が必要であるということを示しているだろう。

二つめの戦略

ここまで、他者の情動の知覚可能性を擁護する論点をいくつかみてきたが、どれも知覚説を支持する根拠としては不十分である。そうすると、すでに十分な知見が蓄積されている理論説やシミュレーション説のほうが好ましいとも思えるかもしれない。

とはいえ、たとえ仮に理論説やシミュレーション説が正しく、知覚説が誤っていたとしても、そのことは本章の目的にとって問題ではない。というのも、本章の目的は、他者の情動の知覚可能性を擁護することではなく、既存の知覚説の検討を通して、より一般的に、高次性質の知覚可能性を主張するための方針を見定めることだからである。以下ではその点を考えてみよう。

乳幼児の反応と情動の身体性は除外するが、先ほど挙げた典型的な知覚にみられるいくつかの特徴は、高次性質の知覚可能性を主張するうえで重要なものだとは言える。というのも、こうした特徴がみられない経験を知覚と呼ぶ理由はないようにみえるからだ。経験と信念・判断とのあいだに、意識的推論の不在、強制性、自己中心的な直示的内容がみられないにもかかわらず、当該の経験は知覚だと主張するのには無理があるだろう。

ひょっとすると、こうした共通点となる特徴をたくさん挙げていけば、問題となっている高次性質は知覚されたものである見込みが高いと主張できるかもしれない。だが、これまでみたように、推論や解釈が介在している判断にもこうした特徴がみられることもある。そのため、典型的な知覚的判断との類似点を強調するだけでは、高次性質についての判断が高次性質の知覚に基づくと主張するための決定打にはならないだろう。

共通点を強調する戦略が不十分であるため、それを補う別の戦略が必要になる。その戦略を考えるうえで重要なのは、ここで挙げられた反論は「典型的な知覚的判断との共通点があったとしても、高次性質についての信念・判断に推論や解釈が介在している可能性を否定できない」という趣旨のものだということである。この点を踏まえると、高次性質についての信念・判断の成立が推論や解釈では説明できないことを積極的に示せれば、この種の反論をすべて回避することができると考えられるだろう。

以上の考察から、拡張的メカニズムを導入したうえで高次性質の知覚可能性を主張する第二の戦略が得られる。それは、**高次性質の経験・判断と典型的な知覚・知覚的判断との共通点を強調しつつ、前者が推論や解釈といったものでは説明できない特徴をもつことを示す**というものである。それが示せれば、当該の判断は高次性質の知覚に基づいて非推論的に形成されたと主張することができるだろう（第6章ではこの戦略に基づいて美的性質の知覚可能性を擁護する）。

前章では現象的性格に関して、本章では知覚と思考を区別する方法について、いくつかの教訓を引き出した。前章と本章では問題となっている高次性質の知覚可能性を積極的に擁護しなかったが、以降は、ここまでで明らかになった方針・戦略に基づいて、特定の高次性質の知覚可能性を積極的に擁護することにしよう。

註

（1）二つの説の説明についてより詳しくは、鈴木（2002）、信原（2014）、朴（2011）、ギャラガーとザハヴィ（Gallagher and Zahavi 2008: chap. 9）を参照。

（2）たとえば、Gallagher（2008）、Gallagher and Zahavi（2008: chap. 9）、Gangopadhyay and Miyahara（2015）、Lavelle（2012）、McNeill（2012; 2015a; 2015b）、Smith, J.（2010; 2016: chap. 9）、Zahavi（2011）など。

（3）他者の情動の知覚説は前述のギャラガーとザハヴィの見解が有名だろうが、それはすでに（彼らに対する反論［Jacob 2011］も含めて）池田・八重樫（2013）で詳しく紹介されているので、そちらを参照。

（4）一次視覚野は視覚的な想像を形成する場合にも活動することが知られている（Kosslyn et. al 1995）。この点などからナナイは、対象の裏側の経験には想像が寄与すると主張している（Nanay 2010）。

（5）ここで挙げた「無自覚な推論」は「サブパーソナルな計算」と同義の「無意識的推論」とは異なる。第1章で挙げた通り、無意識的推論は色や形の知覚にも介在しており、色や形についての信念や判断に非推論的な正当化を与えうる（McGrath 2013）。

（6）対象が錯覚を引き起こすものだと知っていれば、赤くて丸いものがあるとは信じないだろうが、その場合の信念形成には、視覚経験だけでなく、「これは錯覚を引き起こす図形だ」という知識が関与している。

（7）演技しているということを知っていればこうした判断は下さないだろうが、前註で挙げたように、その場合の判断は視覚経験以外のものに基づいている。

（8）この主張からは、自分の痛覚神経を他人の怪我につなげれば、他人の痛みを自分も感じられるという主張が導かれるだろう。だがこれには反論があるかもしれない。他者の身体に神経をつないだときに感じる痛みはすでに自分の痛みであって、文字通りの意味で他者の痛みではないのではないか。しかしこの反論は、知覚経験そのものと知覚経験の対象を区別しそこなっている。たとえば、自分が東京タワーを見る経験と他者が東京タワーを見る経験は異なる経験だが、見られているのは同じ東京タワーである。これが認められるなら、痛みについても同じことが言えるはずだ。他人の痛みを自分は経験できないといった主張は、おそらく、「自分」や「他人」という言葉の意味や概念に由来するものであって、知覚経験とその対象の存在論的特徴に由来するものではないだろう。

第5章　不在の知覚

「この前まであった建物がなくなっている」、「この皿は欠けている」、「今日は彼女がいない」、というように、普段の生活でわれわれは何かの不在や欠如に気づく。

こうした不在の経験は、知覚以外の認知能力を介して成立するものだと考えられるかもしれない。たとえば、記憶している光景といま見ている光景とを比べたり、自分が知っている皿と目の前の皿を比べて欠けていることに気づいたり、いると期待していたのに姿が見えないことから彼女がいないと気づいたりする、と考えられるのではないだろうか。つまり、不在の経験は、記憶、知識、期待といったものと知覚とを比較することで成立すると考えられるのである。というのも、知覚は、机や椅子のような物体、物体の衝突や雷のような出来事など、主体の周りに〈ある・起こっている〉肯定的なものしか捉えられないと思われるからだ。不在・欠如のように〈ない・起きていない〉ことを捉えるのは、知覚以外の認知能力だと考えられるだろう。

しかし、すべての不在の経験がそうなのだろうか。

本章では、前章までの成果を使って、ある種の不在は知覚可能であると主張する。それは音の不在である。つまり、**音がしていないことが聴こえる**と主張するのだ。

そのために本章では、**聴覚情景分析**（auditory scene analysis）という心理学的な聴覚メカニズムや、**依存的対象**という分析形而上学の道具立てを導入する。さらに、そうした考察のなかで、本書独自の**高次モード知覚説**を展開しよう。

また本章の副次的な目的として、知覚の哲学が関連する分野に与える影響の一端をみせることを試みたい。それは、不在や依存的対象といった形而上学でよく取り上げられるトピックと心理学の理論を結びつけるというものである。

1　無音の不可能性

「音がしていない」と思ったり言ったりすることは日常生活でよくある。しかし、「音の不在は聴かれうるものだ」という主張は間違っているとすぐさま思われるかもしれない。あるいは、「聴く」を比喩的な意味で使っていて、「音を聴く」と言うときの「聴く」と同じ意味で使っていないと思われるかもしれない。というのも、素朴な直観にしたがえば、われわれが聴くものは音だけだと考えられるからである。

この直観はいくつかの異なった観点から擁護することができる。以下では、音の不在の知覚可能性に対する反論をいくつか取り上げてみよう。

知覚する機会からの反論

まず、音の不在を知覚する機会が本当にあるのかという疑いが生じるだろう。

確かに、「音がしていない」と思ったり言ったりする場面はよくあるが、そのときは完全な無音状態ではない。というのも、空調が動いている音や部屋の外を通る人の足音など、日常的な環境ではつねに何らかの物音がしていて、人はいつも何らかの音を聴いているからである。「音がしていない」とわれわれが思う場面は、「気になるような音がしていない」場面にすぎないのではないだろうか。

ここで、ジョン・ケージの『４分33秒』を思い浮かべる人もいるかもしれない。この曲は三つの楽章から構成されているが、どの楽章でもタチェット（長い休み）が指示されている。そのため、この曲の演奏者は最初から最後まで楽器から音を出さないことになる。この曲の目的は、演奏者が楽器の音を出さないことで、楽譜に記されていないさまざまな音が存在していることを気づかせる点にあると言われている。楽器の音がしないことで、ステージ上や客席に存在するさまざまな環境音が際立ってくるのだ。『４分33秒』は、新しい音楽概念を創造したものとしてその後の実験音楽や前衛芸術に多大な影響を与えることになったが、それはまさに、人がつねに何らかの音を聴いていることを気づかせたからだろう(1)。

また、ケージがこの曲の着想を得た経緯をみてみると、さらなる問題が浮かび上がってくる。

空っぽの空間や空っぽの時間というものはない。見るべきものや聴くべきものが常にある。実際に、沈黙を作ろうとしても不可能なのだ。特定の工学的目的では可能な限り静かな状況が必要とされるが、そのために作られた部屋は無響室と呼ばれる。その部屋の六つの壁面は特別な素材でできており、反響が生じないようになっているのだ。数年前、ハーバード大学の無響室に入ったとき、私は高い音と低い音の二つを聴いた。それを担当エンジニアに言うと、高い方は神経系統が働く音で、低い方は血液の循環音だと教えてくれた。私が死ぬまで音がしている。死んだ後も音はし続けるだろう。音楽の未来に恐れはない（Cage 1961: 8）。

ここで注目すべきなのは、外界の音がまったくない理想的な状況でも、完全な無音は経験されないということである。外界の音が聴こえなくなると体内の音が聴こえるようになってしまうのだ。そしてこれらの音は、人が現にもっているような仕組みで聴覚的知覚を行う限り、取り除くことができないものである。

このように、人が完全な無音状態に置かれることはないことから、音の不在は知覚される機会がないものだと考えられるだろう。

否定的事態からの反論

また、不在の「否定的な」本性に注目して反論を行うことができる（以下の反論はモルナーの議論［Molnar 2000］をより一般的にしたものである）。

たとえば、「彼女がいない」と気づく場合を考えてみよう。確かに周りに彼女の姿はなく、そのため「彼女がいない」と気づく経験は、世界に成立している事態と一致している。しかし、目の前にある赤いものを見て「赤いものがある」と気づくように、〈彼女がいない〉という否定的事態を知覚して「彼女がいない」と気づいたとは考えがたい。というのも、そのときその周りには〈彼女がいない〉だけではなく、〈ジョンがいない〉、〈犬がいない〉、〈ゾウがいない〉といった無数の否定的事態が成り立っているからである。もし否定的事態が知覚可能なものであるとしたら、こうした無数の否定的事態も〈彼女がいない〉と同じように知覚されうるはずだろう。

しかしそうすると、〈彼女がいない〉だけが知覚されて気づかれたと考える理由はないように思われる。つまり、可能な無数の否定的事態のなかから特定のものだけを選び出す能力は知覚にはないと考えられるのだ。むしろ彼女の不在についての経験は、彼女がいると期待していたために生じると考えるのが自然なのではないだろうか。そうした期待が特定の不在だけを際立たせると考えられるのである。

以上の考えが正しければ、否定的事態は知覚のみによって捉えることはできない。そして、問題となっている音の不在はまさに、「音がしていない」という否定的事態である。したがって、音の不在は聴こえるものではないと考えられるだろう。

刺激からの反論

また、感覚器官の反応を引き起こす刺激の観点からも反論を行うことができる。

典型的な知覚には、対象からの刺激によって感覚器官の生理的反応が引き起こされるという物理的な因果的過程が介在している。たとえば対象を見るときには、その対象によって反射された光が網膜や視神経の反応を引き起こしている。対象を味わったり嗅いだりするときには対象を構成する微細な化学物質が舌や鼻の受容器の反応を引き起こし、対象と接触し皮膚の下にあるさまざまな受容器が反応することで硬さや温度が感じられる。

ここから、対象がいずれかの感覚モダリティで知覚されるためには、その対象からの物理的な刺激によって、そのモダリティに対応する感覚器官の反応が引き起こされることが必要だと考えられるかもしれない。刺激もないのに何かが見えたり聴こえたりする場合もあるが、それは幻覚であって、正しい知覚とはみなされないだろう。

この考えにしたがうならば、聴覚的知覚が成立するためには、音波によって鼓膜や内耳、聴覚神経などの反応が引き起こされることが必要である。しかし、音が存在していないときには音源となる物体の振動もそれによって引き起こされる音波も存在しないため、聴覚系にはいかなる刺激も与えられない。そうであるなら、音の不在は聴覚の対象になるものではないと考えられるだろう。

二次性質と感覚モダリティからの反論

最後に、知覚的意識に現れる二次性質の観点からの反論をみてみよう。

第1章で述べたように、色・におい・味といった二次性質の意識への現れ方は、主体がどのような知覚システムをもっているかに依存していると言われる。たとえば、人間と犬が同じポストを見た場合、人間は赤さが意識に現れるが、犬には異なる色が意識に現れる（犬の意識自体を知ることはできないが、色の弁別行動に違いがあることは確かである）。他方で、形や大きさといった一次性質にはこうした違いがみられない。ここから、二次性質は主体の知覚システムのあり方に依存した性質であるが、一次性質はそうではないと考えられるのである。

そして二次性質は、いずれかの感覚モダリティの知覚においてのみ意識に現れるものである。たとえば、色は視知覚によって意識に現れる性質だが、同じく視覚的に知覚されうる形や大きさとは異なり、視覚以外の知覚によって意識に現れることはない。色は触ったり味わったりできるものではないのである。同様に、味は味覚によってのみ、においは嗅覚によってのみ意識に現れる性質である。

二次性質と感覚モダリティの結びつきを考えると、二次性質は、対象がどのモダリティで知覚されているかを決定するものだと考えられるかもしれない。たとえば、対象を見ることはその対象が色を備えて意識に現れることであり、したがって、色を備えて知覚的意識に現れていない対象は見られていないと考えられるのではないだろうか。形や大きさといった一次性質は、複数の感覚モダリティで捉えられるので、一次性質が知覚的意識に現れていること自体は、どのモダリティの知覚経験が成立しているかの決め手にはならない。だが、二次性質は決め手になると考えられるのである。一般的に言えば、ある対象について特定の感覚モダリティでの知覚が成立しているということは、その対象が当のモダリティに固有な二次性質を備えて意識に現れていることである、と考えられるのではないだろうか（Ross 2008）。

この考えにしたがうなら、何かが聴こえているということは、聴かれている何かが聴覚に固有な性質、すなわち、音高・音量・音色を備えて意識に現れるということになるだろう[2]。だが、音の不在はこれらの聴覚的性質のどれももっていない。当然ながら、音がしていないときには何の音高・音量・音色も意識に現れないからである。そうであるなら、音の不在は聴覚的意識に現れているものではなく、したがって、聴かれているものではないと考えられるのではないだろうか[3]。

2　音の隙間を聴く

以上のように、異なる観点から複数の反論を向けられることをみると、音の不在は、やはり聴こえるものではないと思えてくるだろう。むしろ音の不在の経験とは、たとえば、自分が聴覚経験をもっていないことを内観し、そこから「音がしていない」という判断を下すことだと考えられるかもしれない(4)。

だが、ここから先はこの考えに反論し、音の不在についての知覚説を擁護しよう。本節ではまず、現象学的な観点からすると知覚されていると考えられる音の不在の例を挙げ、次にその知覚メカニズムを考察する。そしてこれらをもとに、知覚される音の不在の存在論的特徴を考察しよう。

現象学的根拠

まず、ザ・ハイロウズというロックバンドのボーカルであった甲本ヒロトのインタビュー記事をみてみよう。

——最近のライヴを観てると、音がどんどんコンパクトになっていってる気がするんだけど。
甲本：コンパクトっていうかタイトだね。そんな気はする。言い換えると、音に隙間があるんだ。ほら、バンドを始めた頃はまだよく分かんないし、どっかでスコーンっと音が抜けて寂しくなるのが恐いから、とにかくいっぱいやっとこうって思うんだけど。ずーっとやってくうちに、例えば弾かないことの面白さとかさ。そうやって隙間を空けることが恐くなくなってくるんだよね。特にマーシー〔引用者注：ギタリスト〕なんか、すごく拍を空けてることもあると思うし。弾かないところがいっぱいあるしね。ただ、**隙間もやっぱり音だから**。**鳴ってはいないけど**、**音なんだ**〔引用者強調〕。そういうことも含めて、ボク、ステージの上で聴いててすごくカッコいいと思

うよ。今のザ・ハイロウズの演奏って。（取材・文：村野弘正『ＧｉＧＳ』二〇〇五年七月号、三三頁）

注目すべきは、「隙間もやっぱり音だから。鳴ってはいないけど、音なんだ」という箇所である。もちろん厳密に言えば、音の隙間そのものは音ではない。だが、ここからは次の考えが示唆される。それは、楽器が弾かれていない音の隙間も、**隙間として**曲を構成する要素となっており、人は曲を聴くなかで音の隙間を聴いているということである。

この点は『４分33秒』とは大きく異なるだろう。『４分33秒』は最初から最後まで楽器が音を出していないため、楽器の音によって作られる隙間はない（環境音が作る音の隙間はあるかもしれないが）。知覚可能な音の不在は、『４分33秒』のようなものではなく、音の隙間だと考えられるのだ。

実際のところ、音の隙間のように音とコントラストを作る音の不在は聴こえるという考えは、たびたび主張されている（Smith, A. D. 2003: 88; Sorensen 2004, 2008: chap. 14; Soteriou 2011）。以下では、音の隙間に焦点を合わせ、その知覚可能性をどのように擁護できるかを考えてみよう。(5)

たとえば、メロディを聴く場面について、現象学的な（一人称的な経験の記述という）観点から考えてみよう。メロディは、さまざまな音の連なりと、休符に相当する音の不在から構成されている。まず言えるのは、メロディを聴くときには、何らかの仕方で音の不在も経験されていると考えなければならないということである。というのも、あるメロディを聴く場合と、そのメロディからすべての音の不在を取り除いたものを聴く場合とでは、明らかに経験が異なっているからである。また、メロディを聴いて、そのなかのある音と別の音の長さを比べることができるように、ある音の不在と別の音の不在の長さを、さらに、音と音の不在の長さを比べることができる。このことからも、音の不在は（持続するものとして）何らかの仕方で経験されていると言えるだろう。

音の不在の知覚可能性に反対する人は、このような音の不在の経験も知覚以外の認知能力を介して成立すると主張するだろう。だが、次のような事実はむしろ知覚説を支持するように思われる。それは、メロディを聴く経験の二種類の構成要素、つまり、〈音の経験〉と〈音の不在の経験〉とがスムーズに連続し、〈メロディの経験〉として一つの自然なまとまりをなしているということである。この二つの経験がまとまりをなすという事実に対する最も単純な説明は、音の不在の経験も聴覚経験であり、音を聴く経験と同じ種類のものだというものだろう。つまり、同じ種類の経験だから自然なまとまりをなしていると考えることである。

一方で反対者は、この事実を説明するのに困難があるように思われる。というのも、音の不在の知覚可能性を否定すると、メロディを聴く経験は、音についての聴覚経験と音の不在についての判断から成り立っていると主張することになるからである。だが、二つの知覚経験と音の不在についての判断が前後の知覚経験と自然にまとまることなどあるのだろうか。ここで反対者は、音の不在についての判断は聴覚経験ではないが、聴覚経験と自然にまとまる特別な心的状態だと言うかもしれない。だが、これはアドホックな（その場しのぎの）主張だろう。音の不在の知覚可能性に反対することと独立に、そうした特別な判断が存在することを認める理由はないように思われる。

以上のように、現象学的観点からすると、音の不在は音と同じく聴覚的に経験されていると考えられる。だが、これまでの章で述べてきた通り、現象学的な観察だけでは、高次性質が知覚可能かどうかについて決着がつくとは言いがたい。より説得的に音の不在の知覚可能性を主張するためには、第4章で示したように、それを支えるメカニズムを検討する必要があるだろう。

聴覚情景分析

さきほどメロディを聴く例を挙げたが、音の不在が知覚されるために、その周りの音が音楽的な構造をもっている必要はない。というのも、連続する複数の音が（後述する）一定の条件を満たすと**音脈**（sound stream）としてまとまり、そのとき一定のリズム、すなわち、音と音の不在の時間的なパターンが知覚されるからである。このように、連続する音を音脈としてまとめることは**継時的群化**（sequential grouping）と呼ばれる。メロディは、音楽的な構造をもった音脈の一事例なのである。

音脈としてまとめられる複数の音が満たしている条件とは、それらがもっている聴覚的性質（特に音色）が似ていることである。では、なぜ性質が似ている音が音脈としてまとめられるのだろうか。その理由は、**聴覚情景分析**という、聴覚システムが音源（物体の振動）についての情報を得るメカニズム関わっている（Bregman 1990）。

聴覚システムは、耳に到達した音波から、その音波を生み出した音源の情報を抽出する能力をもっている。だが、実際の環境にはさまざまな音源が存在しているため、耳に到達する音波は、複数の音源によって生み出された複数の音波が複雑に混ざり合ったものになっている。そうすると、ある音源の情報を抽出するためには、まず、混ざり合った音波のなかから、その音源によって生み出された音波だけを選び出す必要がある。

そのために聴覚システムは、似たよう物理的性質（周波数、振幅、波形）をもった音波をまとめるというヒューリスティック（発見法）を用いている。ヒューリスティックを簡単に説明すると、必ずしも正しい答えを与えるとは限らないが、それにしたがうことで正しい答えにたどり着く確率が高くなる方法である。聴覚システムが同じような物理的性質をもつ音波をまとめるのは、同じ音源によって生み出された音波は同じような性質をもっている確率が非常に高いからである。そのため、このような仕方で音波をまとめると、音源についての情報を効率よく得ることができるのだ[6]。そして、まとまりに関わる物理的性質（周波数、振幅、波形）は、意識に現れる聴覚的性質（音高、音量、音色）と対応している。聴覚的性質が似た音がまとめられるのは、それらの性質に対応する物理的性質が似た音波がまとめられているためなのである[7]。

継時的群化も聴覚情景分析によって説明できる。似たような性質をもった複数の音が一つの音脈としてまとめられるのは、それらが同じ音源によって生み出された音である確率が非常に高いためである。そのように音脈をまとめることによって、同一の音源についての時間的に連続した情報を得ることができるのだ。

また、音源の情報という観点を考慮すると、音の不在が知覚されることにどのような意義があるのかも理解できる。音の不在を含んだ音脈を知覚する場合、〈音がして、一旦音がしなくなり、再び音がする〉という変化が知覚されていることになるが、このとき音源の側では、〈物体が振動し、一旦振動が止まり、再び振動する〉という変化が起きている。すると、音の不在は〈物体の振動が一旦止まる〉ということに対応するものとして知覚されていると考えられるだろう[8]。そして、〈物体の振動が一旦止まる〉ということは、〈物体が振動する〉ということと同じく、主体のまわりの環境で実際に起こっている物理的な出来事である。このことから、音脈のなかの音の不在を知覚することは、他の知覚と同じく、環境で生じた変化を知覚することだと言えるだろう。

ここで、第4章で挙げた一つめの戦略を採用することができる。それは、高次性質の経験を可能にしているメカニズムが低次性質の経験を可能にしているメカニズムと同じものであることを示す、というものだった。低次性質の経験は知覚であることが認められているが、それを可能にしているメカニズムで高次性質の経験が可能になっている場合、後者も知覚だと考えられるのである。

これまで述べてきた通り、**音（低次性質）を聴く際に用いられているメカニズム（聴覚情景分析）を使って、音の不在（高次性質）の経験を説明することができる。**音を聴く際に用いられている聴覚情景分析というメカニズムは、当然のことながら、聴覚経験のための**知覚的**メカニズムである。そうであるなら、同じく聴覚情景分析によって可能になっている音の不在の経験も、知覚経験とみなすことができる。そのため、音の隙間としての音の不在は知覚可能だと主張できるのだ。

音の不在の存在論

ここまでの考察で音の不在が知覚可能であるという考えがある程度動機づけられた。だが、反論に答えるために、さらに、知覚される音の不在の存在論的特徴について考察しておきたい。

これまでの考察からまず言えるのは、知覚可能な音の不在は、単に〈音がない〉という事態ではなく、音の隙間だということである。それは、音脈のなかにあり、前後を音によって挟まれているもの、つまり、〈それまでしていた音が止まり、次の音がするまでの一定のあいだ、音がしていない〉というものである。

「一定のあいだ」という表現からわかる通り、このような音の不在は、始まりと終わりをもち一定期間持続するもの、つまり出来事であると考えることができる。さらに、聴覚はもっぱら音のような出来事を捉えるモダリティであるという点や、音の不在はメロディなどの出来事に部分として含まれているという点、そして、音の不在は〈物体の振動が一旦止まる〉という出来事に対応しているという点も、知覚可能な音の不在は出来事であると考える根拠となる。

また、出来事であるということから、音の不在は抽象的対象ではなく具体的な個物であることがわかる。たとえば、ある時にした音と別の時にした二つの音は、たとえ音高・音量・音色・持続時間が完全に同じだったとしても、別個の音である。それと同じように、音の不在も、たとえ聴覚的性質や持続時間で区別できなくとも、さまざまな時点・場所でそれぞれ異なるものが生じていると考えられるだろう。音の不在は、否定的でありつつも具体的なものなのだ。

音の不在が具体的な個物だという点は不在知覚説にとって重要である。というのも、知覚は環境に存在する個物を捉える働きであるからだ。音の不在を抽象的対象にしてしまう知覚理論では、知覚では抽象的対象を捉えられないことが問題になるだろう。しかし、ここで主張した見解ではその問題は生じないのである。

では、知覚される音の不在が持続する「一定のあいだ」とは、どれくらいの時間なのだろうか。先ほど述べたように、音の不在の知覚は聴覚情景分析によって可能になるものであるため、知覚される音の不在の持続時間には、聴覚メカニズムによる制限があると考えられる。つまり、われわれに知覚可能な音の不在が持続しうる時間は、聴覚情景分析によって前後の音が音脈としてまとめられることが可能な限りの長さだということになる。したがって、もし前の音と次の音の間の時間が音脈としてまとめられる限界よりも長ければ、それらのあいだの音の不在は知覚されないだろう。

知覚可能な音の不在のさらなる特徴を考察するためには、穴と類比的に考えるのがいいだろう。というのも、穴は〈物体がないところ〉であるにもかかわらず見えるものであり、〈音がない〉にもかかわらず聴こえる音の不在と似たようなものとして考えられるからである（Hoffman and Rosenkrantz 1994: 117）。穴についての存在論的な立場はさまざまあり、複数の理論が提示されているが（詳しくは、加地 2008: chap. 2 を参照）、以下では知覚される音の不在を考察するうえで重要だと思われる二つの点に注目しよう。

一つめは、**依存的対象**だという点である。たとえば、ドーナツの小麦粉でできた本体部分をすべて食べてしまうと（穴が存在していた空間自体は存在し続けるだろうが）ドーナツの穴もまたなくなってしまう。この意味で、穴は穴の周りを取り囲む物体に存在論的に依存していると言えるだろう。

知覚される音の不在も、穴と同じように、前後を音に囲まれることなしには存在できないものであると考えられる。というのも、これまで述べた通り、知覚される音の不在は音脈のなかに存在するものであり、〈それまでしていた音が止まり、次の音がするまでの一定のあいだ、音がしていない〉という出来事だからである。前後の音がない場合、〈音がしていない〉ということは成立しているかもしれないが、それは〈一定のあいだ、音がしていない〉という出来事とは異なるものだろう。

二つめは、「依存的対象を知覚するためには、それが依存している対象も知覚しなければならない」という**知覚のための条件**である。たとえば、本体部分と穴との境界が完全に視野の外になってしまうほどドーナツを目に近づけた場合、その人は「穴が見える」と言えるような状況にないだろう。穴を見るためには、ドーナツから一定の距離をとり、本体部分と穴を両方見なければならない(9)。

知覚される音の不在も、前後の音を聴くことなしには知覚できないものだと考えられる。というのも、それは聴覚システムによってまとめられた音脈のなかに知覚されるものであったからである。前後の音が聴かれなければ、それらが音脈としてまとまることもないだろう(10)。

3　不在知覚説からの応答

ここまでの考察をまとめると次のようになる。知覚される音の不在は音脈のなかに存在する〈それまでしていた音が止まり、次の音がするまでの一定のあいだ、音がしていない〉という出来事であり、前後の音に存在論的に依存したものである。それが知覚されるメカニズムは聴覚情景分析によって説明できる。またそうすることで、音の不在の知覚を、音源における変化の知覚として理解できる。

では、この考えを用いて最初に挙げた反論に答えていこう。

知覚する機会について

知覚する機会からの反論は、音の不在を完全な無音と解釈したうえで、人が完全な無音状態に置かれることはない、と主張するものだった。

まず言えるのは、知覚される音の不在は、完全な無音状態でもなければ、「静かだ」と言われるような状況でもないということである。それは、音脈のなかに存在する一時的な音の隙間であった。したがって、完全な無音状態に置かれることがないということは、前節で述べた不在に対する直接的な反論にはならないだろう。

さらに、無音状態でなくとも音の不在は聴かれると積極的に主張することもできる。複数の音を音脈としてまとめる群化が起こるときには、同時に、ある音源によって生み出された音脈と別の音源によって生み出された音脈を分離する**音脈分凝**《ぶんぎょう》（auditory stream segregation）も起こっている。たとえば、外の雨の音とギターが演奏するメロディを別々のものとして聴くことができるだろう。そして重要なのは、ギターのメロディに含まれる音の不在を聴きつつ、雨の音を聴くことができるということである。つまり、ある音脈における音の不在と別の音脈における音は、同時に聴くことができるのだ。

以上のことから次のように応答できる。音の隙間にある不在は、完全な無音状態でなくとも知覚可能である。むしろ、このような音の不在を聴く機会は、日常的によくあるはずだ。

否定的事態の知覚可能性について

次に、否定的事態からの反論を検討しよう。この反論のポイントは、無数の否定的事態のなかから特定の否定的事態だけが経験されることは、知覚以外の認知能力に訴えずに説明できないのではないか、というものである。

前節で述べたように、音の不在は聴覚情景分析によって経験可能になると考えられる。そして聴覚情景分析は、音を聴き、音源についての情報を得るための**知覚**システムである。したがって、音の不在が経験されるために用いられているのは、まさに知覚能力であると言うことができるだろう。

さらに、前節で挙げた知覚のための条件は、無数の否定的事態が知覚される可能性を排除している。その条件とは、知覚される音の不在はそれが依存している前後の音を聴くことなしには知覚できないというものだった。そのため、たとえばAの次にDという音がしたのであれば、そのとき、〈AとDのあいだの音の不在〉以外のものは、条件を満たしていないため知覚されないことになる。したがって、〈象がいない〉のようにそもそも音に依存していない不在や、〈FとGのあいだの音の不在〉のように、別の音に依存している不在も知覚されない。

また、〈AとDのあいだの音の不在〉というのは、〈Bという音の不在〉や〈Cの不在〉といった具体的な複数の音の不在から構成されているかもしれない。だが、その場合でも、〈AとDのあいだ〉に入りうる具体的な音の候補は、AとDの間におさまるくらいの長さのもので、かつ、AとDと自然なまとまりをなすような聴覚的性質をもつものに限られることになる。したがって、〈Eの不在〉や〈Gの不在〉といったものは除外されるし、AとDとあまりにも異なる高さ・大きさ・音色をもつBやCの不在も除外されることになる。

このように、聴覚情景分析と知覚のための条件を用いれば、無数の否定的事態の知覚可能性を排除できる。そのため、無数の否定的事態から特定のものを選び出すために知覚以外の認知能力が必要だと考える必要はないのだ[11]。

刺激について

では、音の不在は聴覚系へ刺激を与えるものではないため聴こえるものではない、という反論にはどのように答えられるだろうか。

音脈のなかにある音の不在を知覚することは、〈音源が振動し、一旦止まり、再び振動する〉という情報を得ることであったが、この変化は、〈音波が耳に入り、一旦なくなり、再び耳に入る〉というような音波の変化によって担われている。そして、聴覚系は音波そのものだけではなく、音波が作り出す差異や変化も捉えている、あるいは、音波の差異や変化も感覚器官の反応を引き起こすと考えれば、音の不在の知覚を引き起こす刺激は存在していることになるだろう。(12) 聴覚システムは音波が与えられたときに駆動するというよりも、つねに駆動しており、音波が与えられたことと与えられていないことの両方を記録していると考えられるのだ。(13)

刺激からの反論は、刺激を物理的な入力（光や音波など）のみに限定している。だが、刺激を「感覚器官の反応を引き起こすもの」と定義するなら、音の不在の知覚を引き起こす刺激は環境のなかに実在していると言えるのだ。(14)

感覚モダリティの個別化

二次性質と感覚モダリティからの反論では、高さ・大きさ・音色をもたないものは聴覚の対象ではないと言われていた。その考えにしたがうならば、音の隙間としての不在も依然として聴覚の対象ではないことになる。

まず注意すべきだが、この反論は感覚モダリティの個別化に対する特定の考えが前提となっている。つまり、「視覚・聴覚・触覚といったそれぞれの感覚モダリティはどのような基準で分けられるのか」

という問い対して「それぞれに固有の二次性質によって分けられる」と答える立場が前提となっているのだ。確かにこの考えはもっともらしく思える。色が意識に現れているならその知覚経験は視覚的なものとみなしていいだろうし、音色が現れているなら聴覚的なものとみなしていいだろう。だが、音色が意識に現れない聴覚経験はないと言えるのだろうか。

だが、二次性質は感覚モダリティを個別化する唯一の基準ではない（Grice 1962; Keeley 2002; Nudds 2004）。たとえば人間以外の動物は、磁場や電気などを知覚するための特殊なモダリティをもつと言われているが、その知覚に際してどのような二次性質が意識に現れるかを人間が知ることはできない。だがそれでも、そうした動物は人間にはないモダリティをもつと言われるからには、二次性質を使わない個別化の基準があるはずである。

一つの基準は、感覚器官・知覚システムと刺激の組み合わせだろう。問題となる動物には特殊な感覚器官・知覚システムがあり、それによって人間には捉えられない刺激に反応している。その組み合わせが発見されれば、当該の動物には人間にはないモダリティがあるとみなすことができるのだ[15]。

知覚システムと刺激の観点からすると、音の不在は、聴覚的に知覚されていると考えることができる。というのも、先ほど述べたように、音脈のなかにある音の不在は、音と同じく聴覚系の反応を引き起こすからである。このような意味で音の不在は、音高・音量・音色をもっていなくとも、聴覚の対象であると言うことができるだろう。

また、音の不在を知覚するためには、それが依存する前後の音を聴くことが必要であるため、耳が聴こえない人は音の不在を知覚することはできないことになる。聴覚的知覚が不可能な主体は知覚できないという意味でも、音の不在は聴覚の対象だと言うことができるだろう（この点は Sorensen［2008, chap. 14］で指摘されている）。

ここまでの議論で知覚説が説得的に思えたなら、むしろ、音の不在の知覚にも特有の現象的性質があると考えられるのではないだろうか。確かに、音の不在の知覚経験の現象的性格には、音色・音高・音量は含まれていない。だが、音の不在に対応する独特の現象的性質があり、かつ、それは聴覚的性質だと考えられるのではないだろうか。

以上の議論が正しければ、いくつかの音の不在は知覚可能だということになる。ここで特徴づけられたもの以外の音の不在、つまり、前後の音が音脈としてまとめられる限界を超えた長さの音の不在や、知覚された前後の音に存在論的に依存していない音の不在は、反対者が言うように、知覚以外の認知能力を介して経験されるかもしれない。しかし、知覚可能な音の不在がある以上、「不在の経験には知覚以外の認知能力が必ず介在している」という主張は誤りである。

4　高次モード知覚説(1)

音の不在の知覚可能性を擁護するために行った議論には、他の高次性質の知覚可能性を擁護するために一般化できる要素がある。そこを一般化した理論が、本書が提示する**高次モード知覚説**である。

序論で述べた通り、高次モード知覚説は、知覚経験を**知覚されるもの**と知覚されるものの**知覚のされ方（ゲシュタルト的まとまりのモード）**に分け、低次性質の知覚を前者で、高次性質の知覚を後者で説明する。

まず、低次性質と高次性質の知覚を分ける方針は、第3章の最後で述べたポイントを踏まえたものである。それは、低次性質と高次性質とでは知覚経験の現象的性格に反映される仕方が異なっているのではないか、というものだった[16]。

さらに本章の考察では、高次性質の知覚可能性を主張するために重要なポイントが三つ示されている。

一つめは、**高次性質を知覚するためにはそれが依存する低次性質も知覚しなければならない**ということである。この点は**依存的対象**と**知覚のための条件**を踏まえたものである。知覚される音の不在は、〈それまでしていた音が止まり、次の音がするまでの一定のあいだ、音がしていない〉という出来事であり、その前後を取り囲む音に存在論的に依存しているものであった。そして、音の不在を知覚するためには、音脈や音脈を構成する個々の音も知覚しなければならないのである。この例を一般化すると、高次性質を知覚するためには、その高次性質に関わる低次性質が知覚されていることが不可欠だということになるだろう。

高次モード知覚説では、この点は次のように説明される。高次性質の知覚が低次性質の知覚に依存しているのは、高次性質が低次性質のゲシュタルト的まとまりだからである。言い換えれば、高次性質は、低次性質を部分として形成される全体なのだ。そのため、低次性質が知覚経験によって表象されていなければ、ゲシュタルト的まとまりも存在しないことになるのである。

ここで注意すべき点がある。それは、本章で知覚可能性を擁護してきた音の不在は、厳密に言えばモードそのものではないということだ。モードによって説明されるまとまりに対応するのは、実のところ音脈である。他方で、知覚される音の不在は、音とともに、音脈に部分として含まれるものである。つまり、音脈と音、そして、音脈と知覚可能な音の不在が、それぞれ部分－全体関係に立っているのだ。だが、この点を認めたとしても、前段落の主張を維持できる。音の不在を知覚するためには、複数の音が音脈としてまとめられなければならないが、そのためには、複数の音を知覚する必要がある。音の不在は、複数の音が音脈としてまとめられ、その音脈に含まれる部分として知覚可能になるのだ。

第一のポイントは以上である。だが、モードを導入するだけでは高次性質の知覚可能性を主張するには十分ではない。というのも、なぜそのモードが知覚的なものであると言えるかが説明されていないからである。

それを説明するために重要になる二つめのポイントが、**知覚メカニズム**である。本章で何度か述べてきたように、音の不在は、聴覚情景分析という、音を聴き、音源についての情報を取得するための聴覚的メカニズムによって説明できる。本章第３節ではこのメカニズムに訴え、音の不在の知覚は、音源の振動が一旦止まるという出来事についての情報を得ていると述べた。したがって、音の不在の知覚は外界の物理的出来事を捉えており、表象的な経験だと言えるだろう。

三つめのポイントは、**個別の議論**の必要性である。第1章で述べたように、「高次性質」は「知覚可能性が簡単に認められないもの」という非常に緩い基準でまとめられた雑多なものの集まりである。そのため、特定の高次性質を知覚するためには、それぞれに固有の問題に対処する必要があると述べていた。音の不在の場合には、本章第1節で挙げたさまざまな反論に対処する議論が必要になるのだ。

不在の知覚可能性からの帰結

ここで、不在とその知覚を感覚モダリティに中立的に特徴づけておこう。知覚される不在は、肯定的に存在している対象に存在論的に依存する依存的対象である。このような不在が知覚されるためには、それが依存している肯定的な対象も知覚する必要があり、さらに、その肯定的な対象から感覚器官へ与えられる物理的入力（反射光や音波）に知覚システムが捉えられるような差異や変化がなければならない。このような仕方で知覚されるものとしては、すでに挙げた穴の他に、空間的な隙間や、光の点滅などが考えられるだろう[17]。

また、本章の冒頭で副次的な目的として挙げていたように、本章では、聴覚情景分析という心理学的理論を用いて不在や依存的対象といった形而上学的なトピックに関する議論を行った。心理学と形而上学というほとんど接点がないと思われる領域は、知覚の哲学によって結ぶことができるのだ。

また、おおよその知覚理論は、肯定的に存在している対象の知覚を念頭に作られているが、不在の知覚可能性はそうした理論に再考を促すことになるかもしれない[18]。最後に、本章の考察で示唆された二つのポイントを確認しておこう。

第一に、知覚を引き起こす物理的刺激は、単一のものではなく、複数の刺激の集まりを考えなければならないということである。というのも、音の不在は、感覚器官に与えられていた音波が一旦なくなり再び与えられるという変化の中で知覚されるものだからである[19]。

第二に、低次性質を伴わない知覚も可能だということである[20]。音の不在を知覚するためには音を知覚することが必要とされるが、音の不在自体はなんらかの音高・音量・音色をもつものではない。このように、低次性質を伴わないアモーダル知覚（amodal perception）は、前章で挙げたフッサールの付帯現前の他にも、ミショットのトンネル効果やギブソンの遮蔽、ノエの「不在としての現前（presence as/in absence）」によって指摘されている[21]。不在の知覚もその一例だと言えるだろう。

本章では、第４章で提示した一つめの戦略に基づいて、音の不在の知覚可能性を示した。だが、この戦略で知覚的であることを示せる高次性質の経験はそれほどないかもしれない。というのも、他の高次性質の知覚には何らかの学習が関わっていると考えられるからである。

実際に、次章で検討する美的性質の知覚可能性では、**趣味の洗練**という特別な学習が関わっている。次章では、学習が果たす役割と高次モード知覚説がどのように調停できるかを検討しよう。

註

（1）以下の論点は草稿を読んでいただいた柏端達也氏に負うものである。『4分33秒』は一九五二年にデヴィッド・チュードアによって初演されたが、その際に彼はストップウォッチで時間を計測し、楽章の切れ目で譜面をめくったりピアノの蓋を開けたり閉じたりしている。つまり、楽章の変わり目を示唆する演奏行為が行われているのである。さらに彼はタチェットにしたがって「楽器から音を出さない」という否定的な演奏行為を意図して行っているとも言えるだろう。もちろん、楽屋にいるときなどにも、彼が楽器から音を出さない場面はたくさんある。しかし、タチェットの指示はステージに立ったときなどの演奏の文脈で遂行されるものであり、楽屋での状況とは区別されるのだ。

（2）ホワイトノイズのように明確に高さがわからない音も聴こえるため、聴かれるものはこれら三つの性質すべてをもって意識に現れなければならないというわけではない。

（3）本章の問題に直接的な影響はないが、ここで「音とは何か」という問題に少し触れておこう。

ナッズは、経験科学の知見をふまえ、音は水や空気といった媒質の振動（音波）であり、音高・音量・音色は、音波がもつ周波数・振幅・波形であると主張している（Nudds 2009, 2010）。他方でカサッティとドキック、オキャラハンは、音は音源となっている物体の振動（ないし物体の振動が周りの媒質をかき乱すという出来事）であると主張している（Casati and Dokic 2005/2010; O'Callaghan 2007）。この主張は、音波は音源となる物体から離れて主体のところまで移動してくるものであるのに対し、聴覚的意識に現れる音は音源から**離れて**移動しているようには聴こえない（音が移動しているような場合は、音源が移動している場合である）、という現象学的な観点に基づいている。現象学的には、音は物体の振動のあるところに存在しているように経験されており、そこから両者が同一視されるのだ。この立場では、音波は、音源の知覚を可能にする（音源の情報をもっている）ものではあるが、聴覚的意識に現れる音そのものではないということになる。このことは、物体からの反射光は物体を見ることを可能にする（物体の情報をもっている）ものだが、それ自体は視覚的意識に現れないことと類比的である。より詳しくは源河（2011, 2015a）を参照。

（4）たとえばオショーネシーは、静寂（silence）を経験することと聴覚経験をもたないことは異なると認めつつも、静寂は知覚以外の認知の対象であると主張している（O'Shaughnessy 2000: 333）。

（5）前述の論者は「沈黙（silence）」という用語を用いているが、本章では「音の不在」を用いることにする。というのも、本章で知覚可能性を主張するのは、音がしているなかに現れる音の隙間だが、「沈黙」という日本語は無音の状況を連想させるからである。

またソレンセンは『4分33秒』も知覚可能だと述べているが（Sorensen 2008: 289）、本章は『4分33秒』については知覚可能性を主張しない。問題となるのは音の隙間である。

（6）さらに、音波が来た方向、ハーモニクス（調音構造）、同時性も手がかりとなる。

（7）註(3)で述べた通り、音が何であるのかについては意見が分かれているが、聴覚情景分析はどちらの立場とも両立する。音は音波であると主張する立場では、音波の周波数・振幅・波形が似ていることは、音高・音量・音色が似ていることだと考えられることになる。他方で、音は音源であると主張する立場では、音源がもつ周波数・振幅・波形が音高・音量・音色に対応すると考えられることになるが、似たような周波数・振幅・波形をもっている音波から抽出した音源の情報は似ているため、音源がもつとされる音高・音量・音色も似ていることになるだろう。

（8）ただし、意識に現れる音の不在は必ず一つの音源における変化に対応しているとは限らない。たとえば、ある物体が音を出した後で別の物体が音を出し、その二つの音の性質が似ている場合、それらの音は音脈としてまとまり、そのなかにある音の不在が知覚されるだろう。このとき、聴覚システムは聴覚情景分析によって〈一つの音源が振動し、一旦止まり、再び振動した〉という情報を得ているだろうが、その情報は外界に起こった出来事と一致しておらず、そのときの聴覚経験は錯覚になる。また、一つの物体が振動し続けていても、一旦そこからの音波を遮断すれば、物体の振動が一旦止まったという錯覚が成立するだろう。

（9） カサッティとヴァルツィは、穴が知覚されるためには穴と周りの物体が図と地の関係をなすことが必要であると主張している（Casati and Varzi 1994: chap. 11）。

（10） ここで次のような反論があるかもしれない。ドーナツと穴は同時に存在しているため同時に見ることができるが、音の不在とその前後にある音は同時には存在しえないため、両方を一緒に知覚することはできない。したがって、音の不在が知覚されるためには前後の音も知覚されていなければならないというのは誤りではないか。しかし、知覚という心的作用自体も時間的な幅をもつものであると考えると（そうでなければそもそも出来事が知覚の対象になりえないが）、一つの知覚作用の対象に前後の音が両方とも含まれる場合もあると考えることができる。

（11） 同じときに存在している複数の音の不在が同時に知覚される場合もあるだろう。たとえば、ギターとベースが同じフレーズをユニゾンで演奏していると、ギターの音脈のなかにある音の不在とベースの音脈のなかにある音の不在は、同じ時点から同じ時間だけ持続することになる。この場合でも、二つの音脈が聴覚システムによって分離されている限りで、ギターの音脈のなかの音の不在とベースの音脈のなかの音の不在は別のものとして知覚されるだろう（「ギターとベースがちょうど同じところで同じ時間だけ止まっていた」と気づくことができる）。同じ音色の二つのギターが同じフレーズを弾くためにギターが二つあると気づけない場合は、音脈が二つあることを弁別できず、一つの音脈があるように誤って知覚されるため、それに応じて音の不在の数も誤って知覚されるだろう（実際に存在している音の不在の半分の数しかなかったように知覚される）。このように音の不在の知覚経験は誤りうるという点で志向性をもつとも言える。

（12） 実際のところ、音波が作り出す差異はサブパーソナルなレベルで捉えられている。音源の位置を特定するための手がかりとして、音源から直接鼓膜に到達する音波と環境にある物体に跳ね返されてから鼓膜に到達する音波の時間差が検出されているのである。

（13） この点は他の感覚モダリティにもあてはまるだろう。たとえば、視覚は光が入ってきていないことも記録しており、その場合には暗闇が視覚的意識に現れる。

(14) 実際には、対象からの物理的入力がなければ対象は知覚できないという主張は強すぎるものである。というのも、光をすべて吸収してしまいまったく反射しないような黒い物体は知覚できないことになってしまうからだ（Tye 1982）。

(15) キーリー（Keeley 2002）は、モダリティを個別化するための基準としてこの他に、行動や進化・発達の観点からみた重要性を挙げている。

(16) ひょっとすると、低次性質も高次性質も非意識的に表象されている事例があるかもしれない。たとえばナナイ（Nanay 2012b）は、視野の半分の意識経験を欠く半側空間無視の患者の事例に訴えて、意識経験を欠く側に提示されている対象の行為性質（〈この対象は摑める〉など）が非意識的に表象されていると考えられると述べている。また、低次性質と高次性質のうちどちらかは意識的に表象されているが、もう片方は非意識的に表象されている事例もあるかもしれない。こうした可能性を考慮すると、高次モード知覚説は、**意識的な知覚経験**に関する理論、つまり、知覚経験の現象的性格に反映されている低次性質と高次性質の関係に関する理論だということになる。

(17) 空間的な隙間の視覚経験は Soteriou（2011）や Richardson（2010）で扱われている。また Young（2016）では、残響の聴覚経験に関する考察から、空間的な隙間も聴覚的に知覚可能だと言われている。

(18) この点はフレンニコワが（Farennikova 2013）が指摘している。また彼女は、予期の影響で可能になる不在の知覚は認知的侵入可能性にも問題を投げかけると述べている（Farennikova 2015）。

(19) 知覚の因果説「対象が知覚されるためには対象から主体への因果的作用がなければならない」（Grice 1961）にも触れておこう。何人かの論者（Casati and Varzi 1994: chap. 11; Lewis 1980; Sorensen 2004, 2008; Tye 1982）は、知覚の因果説における因果は、物理的な因果関係ではなく、反事実的依存関係として解釈すべきであると主張している。そして、これまで述べてきた音の不在もこのような反事実的依存関係を満たしている。もし特定の音の連なりが存在していなかったら、それらが音脈としてまとまったときに現れる音の不在が知覚されることもないだろう、ということが成り立っているからである。

(20) 前述のとおり、不在の知覚には知覚的入力にコントラストが必要だが、物体の知覚には必ずしも必要とされない。それは、物体が低次性質をもっているためだと考えられる。たとえば、輪郭が完全に視野の外に出てしまうほど目の前に黒い紙をもってくると、それが紙であるということはわからないかもしれないが、黒い色が見えているので、何かを見ているとわかるだろう。穴や音の不在のような依存的対象を知覚するために依存されている対象も知覚する必要があるのは、それらが低次性質をもたないためだと考えられる。

(21) Michotte, Thinès, and Crabbé (1964)、境、曾我、小松 (2002: 54–57)、Gibson (1979: 76–79)、松島 (2002)、Noë (2004: 59–65)。

第6章　美的性質の知覚

「彼女のダンスは優美だ」、「この曲は物憂げだ」、「ここからの景色は雄大だ」というように、人は普段、芸術作品に限らずさまざまな対象を美的に判断している。たとえば「彼女のダンスは優美だ」という美的判断は、そのダンスが優美さという性質をもつと述べている。別の言い方をすれば、ダンスという対象に優美さという美的性質を帰属させているのである。[1] この性質帰属という点は「あのトマトは赤い」といった色判断と共通のものである。この色判断はトマトという対象に赤さという色性質を帰属させているのだ。

だが、色判断とは異なり、美的判断は食い違うことが多い。たとえば、片方の人はそのダンスを「優美だ」と判断し、別の人は「そうでもない」と判断したとしよう。この食い違いはどう理解されるだろうか。

一つの考えは、美的判断は主観的な意見の表明であり、二人の判断はどちらも正しくも誤ってもいないというものである。つまり、美的判断は、他人が口出しできるようなものではないということだ。別の考えは、美的判断には何かしらの正しさの基準があるというものである。この考えが正しければ、判断が食い違った二人のうちの片方は（ひょっとすると両方とも）誤った判断を下していることになるだろう。

本章では後者の考えを擁護する。そのために、美的判断の正しさは美的知覚の正しさに基づくと主張しよう。つまり、美的性質を正しく知覚できれば正しい美的判断が下せ、知覚が誤れば判断も誤る、と主張するのである。

直観的には、この考えは美的性質の実在論を前提としているようにみえる。つまり、美的判断と美的知覚が正しいかどうかは、対象が実際にもっている美的性質をうまく捉えられているかどうかで決まるようにみえるのだ。だが本章では、美的性質は対象の性質ではないが、それでも対象の知覚に際して意識に現れる、という少し複雑な立場を展開することになる。そこで使われるのが高次モード知覚説である。

さらに本章でも、知覚の哲学の広がりをみせるという副次的な目標を設定したい。それは、知覚の哲学が美学的考察のための新しい論点を与えることを示す、というものである。

どの美術展に行くか、どの映画を観るか、どの景色を見に行くかを決める際に、われわれは批評家の書いたレビューを参考にする。そのレビューには、「この作品はダイナミックだ」とか「そこの景色は雄大だ」といった美的判断が多数登場するだろう（こんなに貧困な表現ではないだろうが）。そして、それを書いた批評家が有能だとわかっていれば、われわれはその判断を信用し、何を観に行くかを決める。

1　シブリーの知覚的証明

こうした実践は、美的判断は正しさを問えるものだという考えを示唆しているようにみえる。つまり、どの美的判断が正しいのかを判定する基準があり、有能な批評家はそれをわかっていると考えられるのである。また批評家同士の論争は、単なる個人的な感想のぶつけ合いではなく、この作品についてはどういった判断が正しいのかを争っているようにみえる。こうした論争は、正しい美的判断があることを前提にしなければ始まらないだろう。

では、美的判断の正しさをはかる基準や根拠とは一体何なのだろうか。それに対する古典的な見解は、フランク・シブリーの**知覚的証明**（perceptual proof）に関する議論のなかで提示されている。[2] 知覚的証明とは、有能な批評家が美的判断を他人に理解させるために行う活動である（Sibley 1965: 143）。シブリーによれば、その活動は、美的判断がどのような概念・推論過程に基づいているかを説明することではない。むしろ、他人に美的性質を知覚するように仕向けることである。自分がなぜこの美的判断を下したのかを他人に理解してもらう、言い換えると、その美的判断の正当性を証明するためには、自分が知覚したのと同じ美的性質を知覚してもらう必要があるということだ。

知覚的証明は、美的性質の知覚可能性を前提としている。だが、美的性質は高次性質の一つであり、その知覚可能性には議論の余地があるだろう。では、美的性質が知覚可能だと考える根拠は何だろうか。それを理解するために、まず、美的知覚に関するシブリーの議論（Sibley 1959, 1965, 1968, 1974）を再構成しよう。

シブリーによれば、ある種の美的判断は客観性ないし間主観性を備えており、その根拠を問えるものである。つまり、美的判断のなかには、何かと照らし合わせて正しかったり間違っていたりすると言えるものがあるということだ。だが、「ある種の美的判断」という限定からわかるように、すべての美的判断が正誤を問えるわけではない。たとえば、「良い（good）」、「悪い（bad）」、「素晴らしい（excellent）」、「平凡な（mediocre）」、「〜に勝る（superior to）」、「〜に劣る（inferior to）」といった用語は評価のみを表したものであり、鑑賞者の意見に基づいて任意の対象に適用することが可能である（1965: 136; 1974: 5）。

他方で、「優美な（graceful）」、「けばけばしい（garish）」、「バランスがとれている（balanced）」、「混沌としている（chaotic）」、「統一感がある（unified）」、「華奢な（dainty）」、「繊細な（delicate）」、「ダイナミックな（dynamic）」、「力強い（powerful）」、「感動的な（moving）」、「物憂げな（melancholy）」といった用語は（評価的要素も備わっているが）**記述的要素をもち、鑑賞者の評価だけに基づいて任意の対象に適用できないものである**（1959: 421–422; 1965: 135; 1968: 31）[3]。客観性を問えると言われるのは、こうした記述的要素をもつ判断である。以下ではこの種の美的判断に焦点を合わせよう。

美的判断によって対象に帰属させられる美的性質は、色や形といった、それ自体は非美的な低次性質の集まり全体から創発する、あるいはそれらに存在論的に依存すると言われている（1959: 424; 1965: 137–138; 1968: 35）。たとえば、ある絵画が「繊細である」と言われるのは、特定の色や形、線の集まりを備えているからだというのである。さらに、美的性質がゲシュタルトと類比的に語られることも多い（1965: 140, 142, 151; 1968: 31）。非美的性質は美的性質の基礎となっていると考えられるのだ[4]。

このように美的性質は非美的性質に存在論的に依存しているが、その依存関係を明確に定式化することは不可能だと言われている。言い換えると、美的性質を対象に帰属させる美的概念や美的用語の適用法を、非美的性質の概念や用語を使って定義することはできないということだ。たとえば、細い線で描かれて薄い色が使われている作品は典型的には繊細さをもつが、そうした特徴をもつすべての作品が繊細さをもつわけではないし、それらを欠く作品が繊細さをもつこともある。あるいは、《ゲルニカ》とナイアガラの滝はどちらも「ダイナミックだ」と言われるが、両者がもつ色や形はかなり異なっているし、前者のダイナミックさには物理的な運動が関わるが、後者はそうではない。そのため、「a、b、c、……といった非美的性質をもつ対象はXという美的性質をもつ」というような必要十分条件を与えることはできないし、対象がそうした非美的性質をもつことからその対象が特定の美的性質をもつことが概念的に帰結するわけでもない（たとえば、「細い線」の概念に「繊細」の概念が含まれているわけではない）。このように**美的でない低次性質と美的性質とをつなぐ美的な一般原理が成り立たない**という意味で、美的用語は「非条件支配的」（1959: 424–427）と言われている。

ここで美的知覚を導入する動機が得られる。美的判断はその根拠を問えるものだと述べたが、シブリーによれば、その根拠は次のような過程によっては与えられない。すなわち、細い線や薄い色といった対象の非美的性質を知覚し、それをもとに「線が細く薄い色をしているため、この対象は繊細であるという条件を満たす」と推論することである。というのも、非条件支配性があるため、一般原理からの演繹的推論が成り立たないからだ（1959: 430–432）。そうすると、「これは繊細である」という美的判断の根拠を与えるのは、対象がもつ繊細さを知覚することだと考えられるだろう（1965: 142–144）。

以上の注意点を別にすると、シブリーの見解は次のように再構成できる。

(1) 対象に美的性質を帰属させる判断は、その根拠を問える。

(2) そうした判断によって帰属させられる美的性質は、非美的性質の集まりから創発する、それらに依存するものである。

(3) 美的判断が下される条件は、非美的性質を使って定義できない。

(4)　そのため、知覚した非美的性質をいくら挙げても、美的判断の根拠としては不十分である。
(5)　美的判断の根拠を与えるのは美的性質の知覚だと考えられる。

だが、シブリーの見解に関していくつか注意すべき点がある。

一つめの注意点は、美的性質と非美的性質の区別に関わる。シブリー自身は「優美である」や「けばけばしい」といった美的用語の具体例を列挙することによって何が美的であるかを伝えようとしているが、「美的」の内実を明確に説明しているわけではない。一つはっきり言われているのは、非美的性質は通常の知覚能力をもっていれば知覚可能であるのに対して、美的性質を知覚するためにはさらに「趣味（taste）、洞察力（perceptiveness）、感受性（sensitivity）の行使が必要」（1959: 421）だということである。ここでの趣味は、美的性質に「気づく（notice）あるいは識別する（discern）ための能力」（1959: 423）であり、「個人的な好みや嗜好ではない」（*ibid.*）。そして趣味は、美的な事例を多く経験する、有能な批評家から教えられる、といった学習によって獲得されると言われている（1959: 431–432; 1965: 137; 1968: 39–40）。

だがここで、優美さや繊細さを（色や形とは別種の）「美的」性質にしているものは何か、という疑問が生じるかもしれない。この疑問に対して「趣味」というあまり分析されていないものを持ち出しても、問題の先送りでしかないと思われるだろう（この点は［Kivy 1968］で指摘されている）。確かにこの問題は重要である。しかし、この問題は「美的なものの本性とは何か」という美学研究の根本に関わる大問題であり、本書だけでとても扱えるものではない[5]。とはいえ、優美さなどは赤さや四角さといった低次性質とは何らかの点で異なる種類の性質だという考えはそれなりに受け入れられるだろう[6]。そして、こうした区別が認められるなら、赤さなどだけでなく優美さなども知覚されるのかと問うことができる。美的なものの本質については棚上げし、ここでは、推定上「美的」とされる性質の知覚や判断を問題にしよう[7]。

二つめの注意点は美的性質の存在論に関わる。シブリーは美的性質そのものより美的判断や美的用語の適用を問題にすることが多いが、その主な理由は、「対象が性質をもつ」ということに関する問題を避けるためである（1968: 32–33）。これまで何度か述べてきた通り、色も形も対象を知覚したときに意識に現れるが、色は知覚システムのあり方に依存しており、そのため、実際には対象がもつ性質ではないと言われることがある。もちろん、対象を知覚したときに意識に現れるならば、色も「対象がもつ」と言えると主張する人もいるが、そうした人でも、美的性質は知覚されるものではなく、鑑賞者の評価の現れにすぎないと主張することが多い。シブリーの目的はこうした考えに反対することである。つまり、美的性質は形と同じように対象がもっていると主張することよりも、むしろ、優美さなどの美的性質は知覚されるものであり、「これは優美である」といった判断の根拠となると主張することなのだ。

後にきわめて重要になるが、**対象が実際に美的性質をもっていなくとも、美的知覚が美的判断の根拠になると主張することはできる。**それは、色の反実在論が正しくとも色知覚に基づいて色判断の根拠が問えるのと同じである。たとえば、トマトは実際には色をもっていないとしても、トマトを知覚したときに現象的な赤さが知覚的意識に現れているなら（赤さを例化しているのがトマトではなく知覚的意識だとしても）、それに基づいて、「これは赤い」という判断は適切であり、「これは青い」という判断は適切ではないとは言える。同様に、「これは優美である」というような美的判断も、たとえ対象が実際には優美さをもっていなくとも、現象的な優美さが知覚的意識に現れているならば、それに基づいて適切かどうかを問えるだろう。[8]

シブリーの見解は以上である。次に、この見解が前章で定式化した高次モード知覚説にどう取り入れられるかを説明しよう。

2　高次モード知覚説(2)

高次モード知覚説は、知覚経験を表象内容とゲシュタルト的な表象モードに分ける。そして、低次性質は知覚経験の表象内容に含まれることで現象的性格に反映されるようになるが、高次性質は、低次性質の集まりがゲシュタルト的にまとまることで現象的性格に反映されるようになると主張する。そして、高次モード知覚説を使って特定の高次性質の知覚可能性を主張するうえでは、満たすべきポイントが三つあった。

一つめのポイントは、**高次性質を知覚するためにはそれが依存する低次性質も知覚しなければなら**

ないというものである。この点は美的性質の場合にも当てはまるだろう。シブリーによれば、美的性質は低次性質から創発する性質であり、ゲシュタルトと類比的に理解されるものである。ここから、美的性質を知覚するためには、美的でない低次性質を知覚する必要があるという主張が導かれるだろう。たとえば、ある絵がもつ優美さを知覚するためには、それがもつ色や形も知覚していなければならないということになる。この主張は比較的受け入れやすいのではないだろうか。絵がもつ色や形の一部を見落とすとその絵を適切に鑑賞できなくなるということは、直観的に受け入れられるだろう。

二つめのポイントは**知覚メカニズム**である。前章で音の不在の知覚可能性を擁護するために使った聴覚情景分析は生得的な知覚メカニズムだと認められるかもしれないが、美的性質の知覚には趣味を洗練させる学習が必要になる。そのため、美的性質の知覚可能性を主張するためには、低次性質の知覚を可能にしているメカニズムをそのまま持ち出すことはできず、拡張的な知覚メカニズムを仮定する必要が出てくるだろう。そして第4章で述べた通り、拡張的メカニズムを導入するためには、**高次性質の判断と低次性質の判断の共通点を強調しつつ、さらに、高次性質の判断が知覚以外の心的状態に基づいているとは考えがたい理由を示さなければならない**。

まずは共通点を確認しておこう。第4章で典型的な知覚的判断の特徴として挙げていたのは、意識的推論の不在、強制性、自己中心的な定位であった。そして、美的判断にもこうした点がみられる。ある対象を知覚して「これは優美だ」と判断する際に意識的な推論を行っているようには思われない。また、対象を見た際には「これはけばけばしい」ではなく「これは優美である」と判断せざるをえないという強制性もある。そして、美的判断によって対象に帰属させられる美的性質は、まさに、対象があるところに定位するのである。

次に、知覚と高次性質の判断とのあいだに推論過程が介在することを積極的に否定する必要がある。そしてここでシブリーの見解が役に立つ。重要なのは、⑶美的な一般原理が成り立たないことである。そのため、美的判断を演繹的推論によって導出することはできない。そうすると、美的判断は美的性質の知覚に基づいて非推論的に形成されたと考えられるだろう。

三つめのポイントは、**それぞれの高次性質に特有の付加的な議論を付け加える必要がある**というものだ。そして、美的性質の知覚可能性に関わる固有の問題は二つある。一つは、上で挙げた趣味の内実である。だがすでに述べたとおり、それはここでは扱えない。本書ではもう一つ問題、**美的判断の解消不可能な不一致の可能性**を取り上げよう。

だが、解消不可能な不一致を検討する前に、第二のポイントに関連する問題を取り上げておきたい。それは、美的判断が非推論的に形成されるとしても、それが基づく経験には知覚以外にもいくつか候補があるということである。それらが排除されない限り、美的「知覚説」が支持されたとはいえないだろう。

代替案⑴　非演繹的推論

美的な一般原理が成り立たないとすると、演繹的推論によって美的判断を下すことは不可能である。

だが、美的判断はアブダクションや確かな推量（informed guessing）に基づいて下されているという可能性がある（Dorsch 2013）。

もう少し詳しく説明しよう。確かに、低次性質を使って美的判断の必要十分条件を与えたり、低次性質の集まりから美的性質を概念的に導出したりすることは不可能である。だが、対象がある程度の範囲の低次性質をもつことがわかれば、その対象は特定の美的性質をもっている確率が高い、と推論することは可能ではないか。美的判断に演繹的推論が介在しないとしても、こうした非演繹的な推論過程が介在していると考えられるのではないだろうか。

美的判断に非繹的な過程が介在しているという主張は正しそうである。対象がもつ非美的性質を適切に知覚しなければその対象について適切な美的判断を下すことができないという点を考慮すると、確かに、非美的性質の知覚と美的判断とのあいだには何らかの法則的な結びつきがありそうだ。その法則をわれわれは正確に定式化できない（そのため美的判断は非条件支配的である）が、それにしたがった非演繹的な過程があると考えるのはもっともだと思われる。

問題はこうした過程を「推論」と呼ぶ理由があるかどうかである。重要なのは、この種の過程は知覚にもあるということだ。第5章で、音を捉えるための聴覚情景分析というメカニズムはヒューリスティックを用いていると述べたが、ヒューリスティックもまさにこうした過程である。聴覚情景分析の場合、複数の音を一定の仕方でまとめることによって特定の音源についての情報を得られる公算が高くなる、という原理に基づく過程が成り立っていた。しかしながら、聴覚情景分析は音を捉えるための知覚的なメカニズムであることが認められている。さらに、第1章で知覚的な計算と非知覚的な計算について述べた際にあげた例（色や形の恒常性、立体性や奥行き知覚）にも、同様のヒューリスティックな過程が関わっている。そうすると、非演繹的な過程があると認めたとしても、そのことは、それが推論であることを意味しないと言えるだろう。

むしろ、前述の通り美的判断には典型的な知覚的判断がもつ特徴（意識的推論の不在・強制性・自己中心的な定位）が備わっている。こうした点を考慮するなら、非演繹的な美的「推論」が存在するという主張は動機づけられないだろう。むしろそうした過程は「美的性質の知覚」とみなされるべきではないだろうか。

代替案⑵　直観

もう一つの懸念は、知覚以外にも美的判断を非推論的に正当化しうるものがあるということである。ここでとくに問題となるのは、おそらく直観だろう。知覚も直観の一種だと言われることもあるが、ここでは知覚とは区別された直観を取り上げよう[9]。

ひょっとすると、美的判断は美的知覚ではなく美的直観によって正当化されていると考えられるかもしれない。たとえば、知覚できるのは対象がもつ非美的な低次性質だけだが、低次性質の知覚が美的直観を呼び起こし、その直観が美的判断を正当化する、という可能性もあるのではないか。このように考えても、美的判断が正誤を問えるという主張を維持することはできる。ただ、判断の正誤の根拠が知覚から直観に変わるだけだ。

これに対する応答は次のようになる。一般的に言って、知覚による正当化が主張できる場合、直観による正当化を持ち出す動機はかなり薄くなる。そのため、美的判断が美的知覚によって正当化されている可能性がある限り、美的直観による正当化は動機づけられないはずだ。以下ではこの考えを詳しく説明しよう。

まず、直観による正当化がなぜ必要とされるのかを考えてみよう。われわれは環境に存在する具体的なものについての信念をもつが、それとは別に、数学的対象などの抽象的なものについての信念ももっている。ここで、抽象的なものについての信念も直接的に正当化されると考えたければ、それを正当化する経験を挙げなければならない。信念を直接正当化する経験の典型例は知覚だが、知覚は抽象的なものは捉えられないため、その候補にはならない。そこで持ち出されるのが直観である。直観は、知覚では正当化できない信念を正当化するものとして要請されるのだ。

だが、直観による正当化とはどのようなものだろうか。直観は、抽象的なものと主体との関係として導入されており、ある意味では、よくわからない正当化の手段であるようにもみえる。というのも、われわれが抽象的なものと何らかの関係に立てるかどうかがそもそも疑わしいからである。

こうした疑念を払拭するために、直観による正当化を擁護する論者は、知覚とのアナロジーに訴える。つまり、直観に基づくと思われる判断には知覚に基づくと認められる判断と共通点があり、そのため、前者は後者と類比的なものでそれほど不可解ではない、と主張するのである、たとえばシュドノフ（Chudnoff 2011a, b）は、知覚経験が正当化を与えるのは現象的性格をもつためであると主張し、さらに、直観にも独特の現象的性格が備わっていると主張している。

こうした議論状況から示唆されるのは、直観による非推論的正当化は手放しで認められるものではなく、それを認めるための議論（たとえば、知覚とのアナロジー）が必要とされるということである。この点を踏まえて美的判断を考えてみると、知覚による非推論的正当化の可能性がある限り、直観に訴える必要性はさほどないと言えるだろう。

さらに次の点も重要である。直観は知覚では捉えられない抽象的なものを捉える働きとして導入されているが、美的性質は具体的な性質であると考えられる。たとえば、ピカソの《ゲルニカ》を鑑賞したときに経験される〈ダイナミックさ〉は、その色や形と同じように、《ゲルニカ》そのものに帰属させられる性質だと考えられる。さらに、その〈ダイナミックさ〉は、ナイアガラの滝がもつ〈ダイナミックさ〉とは異なる個別的なものである。そうすると、抽象的なものが問題になっていない場面で直観を持ち出す動機もあまりない、とも言えるだろう[10]。

3　美的性質の実在論が抱える問題

では、第三のポイントに関わる問題に戻ろう。それは美的判断に解消不可能な不一致が生じる可能性に由来するものである。この可能性は、とくに(2)「美的判断によって帰属させられる美的性質は、非美的性質の集まりから創発する、あるいはそれらに依存している」に問題を提示し、それが、美的性質は知覚されるものではないという考えを動機づける。

(2)は、「美的性質は非美的性質に付随（supervene）する」という「美的付随説」として解釈され、美的性質の実在論を擁護するために用いられることで、(1)から(4)のなかで最もよく取り上げられている。シブリー自身に付随説を帰属させられるかどうかには議論の余地があるが（MacKinnon 2000）、付随説の源流としてシブリーが挙げられるのは確かである。そして、付随説への反論が美的性質の知覚可能性に対する反論となると言われることもある。そのため、以下ではこの種の批判を検討しよう。

解消不可能な不一致

まず美的付随性を説明しておこう。一般的に言って付随性は、〈Aが変わることなしにBが変わることはない〉という関係である。美的性質に関する文脈では、「対象の非美的性質が変わることなしに美的性質が変わることはない」というかたちで主張される。こうした関係が成り立つ場合、「美的性質は非美的性質に付随する」と言われるのである。

こうした関係は直観的に動機づけられる。すでに述べたように、ある対象が優美であるのはそれが特定の色や形をしているからであり、したがって、対象がその色や形をしていなければそれは優美ではなかったと考えられるだろう。ここから、対象がもつ非美的性質は美的性質よりも基礎的であり、非美的性質のあり方が美的性質のあり方を決定している（美的性質は非美的性質に依存している）と考えられるのである。[11]

美的付随説が頻繁に取り上げられる理由は、前述の通り、美的性質の実在論争に関わっている。対象が非美的性質をもっていることは認められるが、もし非美的性質に美的性質が付随するならば、美的性質も対象がもつ性質であると考えることができ、美的性質の実在論を支持できるだろう。レヴィンソンによれば、付随性は「性質実在論の支柱」(Levinson 2001: 75) なのである。

こうした論争を背景として、美的性質の知覚説は実在論とセットで論じられ、また、これからみるように、知覚説への主要な反論は、実在論と組み合わさったものに向けられている。

美的付随説と実在論を採用した知覚説では、対象がもつ非美的性質が同じであれば、そこには同じ美的性質が付随し、その美的性質を正しく知覚した人の美的判断は一致することになる。この立場にとって問題となるのが、美的判断に「解消不可能な不一致」が起こる可能性である。

この問題を説明するために、美的判断の不一致を二つに分けよう。一つは、判断が一致しない鑑賞者の少なくともどちらかが、非美的性質の知覚能力に問題がある、不注意のために対象の特徴を見落としている、趣味が十分洗練されていない、といった要因をもつために起こるものである。このような場合の不一致は、少なくともどちらかの判断が誤っていることによって説明されるだろう。問題となるのはこの種の不一致ではなく、上記のような要因をすべて欠いた主体として想定される「理想的鑑賞者」のあいだでの不一致の可能性である。

美的性質の知覚説を採る限り、美的判断は美的知覚に基づくと主張しなければならない。だがそうすると、理想的鑑賞者の判断の不一致は、前述の要因がないため、異なる美的性質を知覚しているためにに生じたということになる。だが、知覚されている対象と非美的性質は同じものである。すると、非美的性質に変化がないのに美的性質が異なっていることになってしまい、美的付随説の主張に反する (Scruton 1974: 36)。

美的付随説として解釈された(2)が誤りであり、美的付随性が成り立たないならば、対象が美的性質をもっているとは言えない。すると、美的判断の不一致は、対象に対する自身の評価の違いだと考えられるのではないか。つまり、二人の理想的鑑賞者は同じ対象と非美的性質を知覚しているのだが、それらに対する主観的評価が異なっていると考えられるのである。そうだとすると、美的判断は美的知覚に根拠をもつものではないということになるだろう (Bender 1996; Goldman, A. H. 1993)。

こうした反論に対処する方法の一つは、解消不可能な不一致は存在しないと主張することである。実際のところ、「理想的鑑賞者」という名前が示しているとおり、そうした主体は、現実に存在するというよりも、美的判断を特徴づけるために導入された概念的な道具である。そのため、概念的な道具として理想化を追求するなら、理想的鑑賞者のあいだの美的判断は必ず一致すると考えることもできるかもしれない。レヴィンソンによれば、相対性から実在論を否定する論者は、現実のわれわれのあいだで美的判断に不一致がたびたびみられることに基づいて、理想的鑑賞者のあいだでも不一致が生じうるのではないかと主張している (Levinson 2001)。だが、すでに述べたように、現実に存在する鑑賞者は誰も理想的鑑賞者ではなく、現実にみられる不一致は、われわれが理想的鑑賞者ではないために生じているとも考えられる。したがって、美的判断に解消できない不一致が起こりうるかどうかということも、それ自体論証しなければならないことなのである[12]。

だがレヴィンソンは、仮にこうした不一致の可能性を認めたとしても、美的性質の実在論は否定されないと主張している（Levinson 2001）。次に、そうした譲歩的な応答をみてみよう。

相対化された付随性

解消できない不一致を譲歩的に認めつつ、知覚説と実在論をともに擁護するために、レヴィンソンは、美的判断が一致しない理想的鑑賞者は異なる趣味ないし可感性（sensibility）をもつと主張し、さらに、趣味を付随性の基礎に加えるという戦略を採る（Levinson 2001）。第１節で、趣味は事例を多く経験することによって獲得されると述べたが、二人の理想的鑑賞者は経験してきた事例が大きく異なっていると考えるのである。この戦略では、解消できない不一致は次のように説明される。ある非美的（低次）性質ａ、ｂ、ｃをもつ対象を、異なる趣味T_1とT_2をもつ二人が知覚している。片方の場合にはａ、ｂ、ｃとT_1に美的性質Ｘが付随するが、もう片方の場合にはａ、ｂ、ｃとT_2に美的性質Ｙが付随する。このように付随性の基礎が異なるため、二人は異なる美的性質を知覚し、そのため判断が食い違うのである[13]。

この戦略では、美的性質は趣味を関係項にもつ関係的性質であることになり（T_1にとってＸ、T_2にとってＹなど）、そのため、美的判断の根拠は趣味に相対的なものに弱められることになる[14]。つまり、美的判断の正誤は同じ学習や文化的背景を共有するグループのなかで問われるものだということになるのだ。そうすると、異なるグループに属し異なる趣味をもつ二人の美的判断の食い違いは解消不可能だということになるだろう。だがレヴィンソンはこれで美的性質の相対的な実在論と知覚説を維持できると主張している[15]。

レヴィンソンはこの立場を美的性質の実在論を守る立場として提示している。そのため、関係的性質とみなされた美的性質は、対象が実際にもつ性質だと考えられることになるだろう。この解釈から得られる描像は次のようなものになると思われる。まず、対象は知覚されていなくとも美的性質XやYをもっている。そして、Xを知覚できるのはT_1をもつ鑑賞者だけであり、T_2をもつ鑑賞者はそれを知覚できない。他方で、T_2をもつ主体はYを知覚できるが、T_1をもつ鑑賞者は知覚できない。この描像のもとでは、たとえば、ある鑑賞者がT_1よりもT_2の方が優れていると確信し、T_1を捨ててT_2を獲得した場合、その鑑賞者は、以前は知覚できていた対象のある側面が知覚できなくなり、それとは別の側面を知覚するようになる、ということになるだろう。

しかし、ここで懸念すべきことがある。それは、美的性質がゲシュタルト的な全体論的特徴だということである。この点からすると、美的性質の知覚は**知覚体制化**（perceptual organization）という**知覚作用**によって説明されるべきものであり、対象がどのような性質をもっているかによって説明されるものではない、と考えられるのだ[16]。

この点を理解するために、アヒル／ウサギの多義図形を見る場合を考えよう。この図形はあるときにはアヒルに見え、別のときにはウサギに見える。そして、アヒルの見えからウサギの見えへと反転するとき、知覚経験の現象的性格が変化する。つまり、アヒルに見えるときとウサギに見えるときとでは、〈この図を見るとはどういうことか〉という知覚経験の意識的側面が変化するのである。

だが、アヒルに見えているときとウサギに見えているときとで、その図がもつ色や形といった低次性質が変化しているわけではない。二つの経験の現象的性格の違いは、こうした低次性質にあるのではなく、それらの性質が全体へと知覚的に体制化される仕方の違いにあるのだ。たとえば、ウサギに見えているときには耳に見えていたでっぱり部分は、アヒルに見えるときにはクチバシに見える。二つの経験の現象的性格の違いは、図を構成する部分が全体のなかでどのような役割をもつものとしてまとめられるかという部分－全体関係の違いのために生じると考えられるのである。

アヒル／ウサギの多義図形

以上の点を考慮すると、ゲシュタルト知覚の違いは、知覚されているものの違いではなく、部分を全体にまとめる知覚作用の違いによって説明されるものであるように思われる。しかし、レヴィンソンの理論では、知覚作用が果たす役割が説明されていない。さきほど挙げた例で言えば、レヴィンソンの解釈では、趣味がT_1からT_2に変わった場合、対象がもっているXが知覚されなくなり、対象の別の性質Yが知覚されるようになるということになっていた。だが、知覚作用が果たす役割を考えるなら、趣味がT_1

からT_2に変わったことによって変化するXやYは、対象ではなく知覚作用がもつ特徴だと考えられるのではないだろうか[17]。

知覚体制化から美的性質の知覚を考えるなら、美的性質の知覚可能性を擁護しつつも、美的性質の反実在論を展開する余地が出てくる。つまり、美的性質は、趣味を獲得した有能な鑑賞者が対象を知覚したとき、その対象がもつ非美的性質が特定の仕方で知覚的にまとめられることによって知覚的意識に現れるものであり、そのため、美的性質は体制化なしに存在することはない、と考えられるのである。

レヴィンソンが実在論を支持する理由として挙げているのは、「優美である」といった美的用語が記述的要素をもち、任意の対象に適用できないこと（Levinson 2001: 61–68）、そして、われわれは特定の美的判断が適切かどうかを判定しているということである（Levinson 2005: 214–215）。こうした事実から、記述的要素が指し示し、判断の適切さの根拠となるような美的性質を対象がもっていると考えられるというのだ。

だが、こうした事実から美的性質があると言うことはできても、それを対象がもつとまで言うことはできない。本章第1節の二つめの注意点で述べたように、たとえ対象が実際に美的性質をもっていなくとも、美的性質が知覚的意識に現れていれば、別の言い方をすれば、知覚経験の現象的性格の構成要素に**現象的な美的性質**が含まれていれば、それが美的用語の適用に制限を与え、また、美的判断の適切さをはかる根拠になると主張できるからである（この点はMatravers［2005］で指摘されている）。

たとえば、ナイアガラの滝を見たときの意識に〈ダイナミックさ〉が現れていれば、たとえその美的性質がナイアガラの滝そのものではなく意識の特徴であっても、その性質に基づいて「これはダイナミックだ」という判断を下すことが可能になるのである（この点は第7章で再び取り上げる）。

そもそも解消不可能な不一致からの反論は美的知覚説よりも実在論に向けられているものである。問題は、解消できない不一致を引き起こす異なる美的性質を「同じ対象がもつ」ということなのだ。そのため、実在論を拒否すればこの問題を引き受けることもない。さらに言えば、第1節の二つめの注意点で述べたように、シブリー自身も実在論にコミットしているとは言いがたい。以上の理由から本書は、知覚説を擁護するために、実在論を拒否した代替案を提示する。

4　反実在論と知覚のモード

美的実在論を拒否しつつ知覚説を擁護するために用いるのが、本書が提示する高次モード知覚説である。本節ではまず、先ほど挙げた知覚体制化が信念や判断の変化では説明できないことを確認し、次に、知覚体制化を知覚のモードを使って説明する。さらにここでは知覚のモードをより具体的に説明するために**フレーゲ的表象説**を取り上げよう。以下の見解は、シブリーに基づいてはいるものの、近年の知覚の哲学の道具立てを用いているので、シブリー自身に帰属させられるものではないことに注意しよう。

知覚体制化

知覚体制化は、前節で説明したように、美的でない低次性質の集まりが特定の仕方でまとまることだと理解される。そして、そうしたまとまりが現象的な美的性質となり、美的な知覚経験の現象的性格を決定していると考えられるのである。実際に、知覚説を支持するか（美的知覚が美的判断の根拠となるということまで認めるか）どうかは別として、美的知覚を論じる際にはしばしば多義図形の知覚や知覚体制化が引き合いに出される（Kivy 1968; Scruton 1974 chap. 3; Stokes 2014; Walton 1970）。

ここで、知覚体制化を用いた説明に対して次のような反論があるかもしれない。アヒルに見えているときとウサギに見えているときの違いは、知覚経験の現象的性格の違いではなく、知覚対象が何であるかという判断や解釈の違いにあるのではないか。そうであるなら、対象が美的なものとして経験されることは、知覚経験ではなく判断や解釈ではないだろうか。

こうした反論がうまくいかない理由としてマクファーソンは以下の二点を指摘している（Macpherson 2006）。第一に、信念や判断が変化したとしても現象的性格が変わらない例がある。たとえば、第1章でも挙げたミュラー・リヤー図形では、物理的には等しい長さの二本の線分が描かれているが、それぞれの両端につけられた矢羽根の向きが異なるため、二本の線分の長さが異なっているように見える。その図形が錯視を引き起こすものだと知らなければ、図を見たとき、二本の線分の長さは異なっていると判断するだろう。しかし、線分の長さを実際に測ってみて同じ長さであることがわかると、

Gregory（1998: 12）より

それが錯視を引き起こすものであるとわかり、そして、「二本の線分は同じ長さだ」と判断を改める。このように長さについての判断が変化するからといって、多義図形の反転のような変化が生じるわけではない。「同じ長さだ」と判断しても、以前と変わらず、二本の線分は異なった長さをしているように見え続けるのである。ここから、多義図形知覚における反転は、判断や解釈の変化で説明されるものではないことがわかる。

もう一つは、体制化には独特の自律性がみられるという点である。マクファーソンが挙げている例とは異なるが、上の図を見てみよう。

この図を初めて見たときとには、黒い領域が無秩序に配置されているように見えるかもしれない。だが、この図の真ん中あたりにダルメシアン犬がいると聞くと、図の見え方が変化するだろう。以前は無秩序に並んでいるように見えた黒い領域のいくつかがダルメシアン犬の形にまとまるのである。そして、ダルメシアン的なまとまりが見えるようになった後では、以前のように、無秩序な黒い領域の集まりとしてこの図を見ることは非常に困難になる。こうした事例からわかるのは、低次性質がどのようにまとまるかにはある程度の自律性があり、そして、その自律性は判断の変化によって説明しがたいものだということである。

以上の例から、知覚体制化の変化における現象的性格の変化は、判断や信念の変化によって説明することが困難であり、むしろ、そうした判断の変化を基礎づける知覚経験の現象的性格の変化だと考えることができるだろう。

知覚体制化を用いると、さらに、第1節で保留していた、過去の経験が知覚に与える影響を説明することもできる。というのも、知覚体制化は部分的に過去の経験や知識に依存しているからである。たとえば、アヒルを見たことがない人にとってアヒル／ウサギ図がアヒルに見えることはないと予想されるし、先ほどの図は最初のうち無秩序な黒い領域の集まりに見えたかもしれないが、そこにダルメシアン犬がいると聞かされたあとではダルメシアン犬的な体制化が可能になる。実際に、多義図形を用いた実験では被験者に与えられる情報が知覚に影響を及ぼすことが示されている。たとえば、多義図形を多義的でないように修正した図形を事前に見せた場合、被験者は、多義図形を事前に見た図と一致するように見るのである（Goolkasian 1987）。

美的知覚が知覚体制化によって可能になるものなら、当然、美的知覚も過去の経験からの影響を受

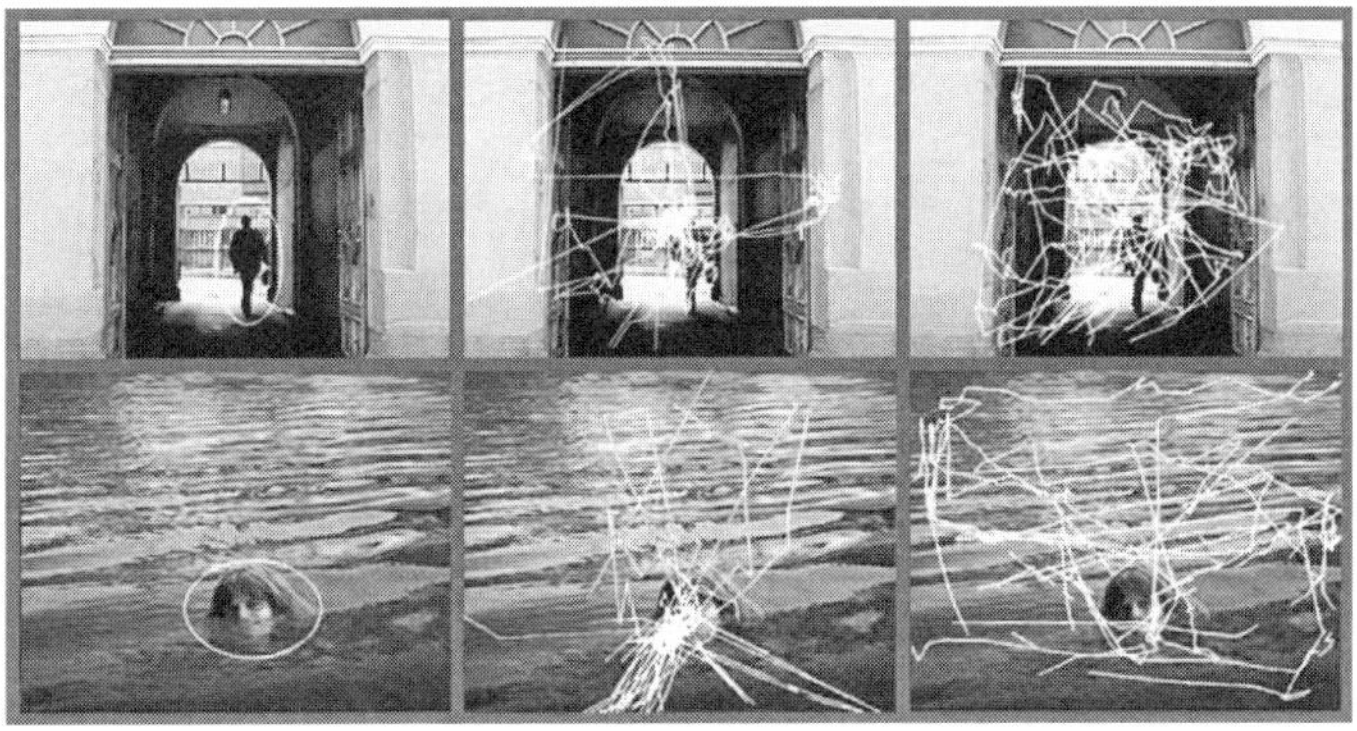

Vogt and Magnussen（2007）

けることになるだろう。事例を多く経験し趣味を獲得している人もそうでない人も、同じ対象を知覚したときに、同じ非美的性質が知覚的意識に現れる。だが、趣味を獲得している人は、そうした非美的性質が体制化されてまとまることで、さらに現象的な美的性質が意識に現れると考えられるのである。

こうした知覚体制化には注意や眼球運動が重要な役割を果たしているかもしれない。

たとえば、ヴォーグとマグセンによる実験（Vogt and Magnussen 2007）は、素人と芸術家の眼球運動の違いを明らかにしている。一番左の上下は被験者に提示された画像であり、丸で囲まれた部分には人物が描かれている。真ん中の上下の画像にそれらに対する素人の眼球運動の軌跡が記されている。右は芸術家の眼球運動である。真ん中と右を比べると、素人の注意は人物に集中しがちであるのに対し、芸術家の注意は画面全体に広がっていることがわかるだろう。この結果は、芸術の訓練を受けた人は、対象の全体的な特徴をつかもうとする傾向にあることを示唆している。[18]

この結果は次のように解釈できるだろう。美や芸術についての知識を得るにつれ、眼球運動や注意は対象全体に広がるようになる。それによって対象の全体論的特徴、つまり、美的性質としてのゲシュタルト的まとまりが知覚できるようになると考えられるのだ。芸術や美に関する知識があることで対象がもつさまざまな低次性質に注意を向けることが可能になり、それによって現象的な美的性質というまとまりが意識に現れると考えられるのである(19)。

さらにここで、不一致の問題に部分的に答えることができる。理想的鑑賞者の判断が異なるのは、それぞれの過去の経験や趣味が異なっており、そのため、同じ非美的性質が異なる仕方で体制化されたからだと説明できるのである。そして高次モード知覚説では、美的知覚の違いは低次性質の集まりを知覚するゲシュタルト的なモードが異なっているために生じるということになる。先ほどの例で言うなら、注意を向ける部分の順番が違ったり、より注意を向ける部分が異なっていたりするために、体制化に違いが出ると言えるかもしれない。このように考えることで、美的判断の違いは美的知覚の違いに基づくと主張し、知覚説を維持することができるのだ。

一見して明らかなように、美的知覚の違いを説明するために過去の経験や趣味をもってくる点は、レヴィンソンの戦略と同じである。また、すでに述べたように、美的知覚を理解するうえでゲシュタルトが引き合いに出されることもよくある。本書がこれらの見解と異なるのは、ここから、知覚体制化を知覚のモードを使って説明し、実在論を拒否する点である。

フレーゲ的表象説

知覚のモードを導入する立場として、ここでは、**フレーゲ的表象説**を取り上げよう。まずは表象説を振り返っておこう。それは、知覚経験は対象をあるあり方をしているものとして表象する内容をもつ、と主張する立場だった。さらに表象説は、知覚経験は単に内容をもつだけではなく、現象的性格と関連する仕方で内容をもつと主張する。たとえば、主体が青いものを見ているときのような現象的性格をもつとき、見られているものが実際に青いならその経験は正しいものとみなされ、そうでないなら誤っている（錯覚や幻覚）とみなされるのである。

だがここで、現象的性格をどう扱うかに応じて内容についての理論が分かれる。その代表例は「ラッセル的表象説」と「フレーゲ的表象説」である。

ラッセル的表象説によれば、知覚経験の内容は対象と性質から構成されている。この見解を動機づけているのは、第2章で説明した「透明性」である（Tye 1995: 135–137）。それは「知覚経験の現象的性格を一人称的に観察して見つかるのは、対象とその性質だけであるように思われる」というものだった。

他方でフレーゲ的表象説は、内容は〈対象と性質の**与えられ方**（**モード**）〉から構成されていると主張する。この見解は、知覚されている事物が同一であるにもかかわらず知覚経験の現象的性格が異なりうるということから動機づけられる（Chalmers 2004, 2010: chap. 11; Thompson 2009）。

ここでは**逆転スペクトル**の思考実験を例にしてフレーゲ的表象説を説明しよう。われわれがトマトを知覚する場合、トマトが反射した光が網膜を刺激し、その信号が視神経を伝わり、特定の脳状態が実現し、そして、意識に現象的赤さが現れる。だがここで、特定の脳状態が実現するまでの物理的過程は同じでありながら、意識に現象的緑さが現れる主体を考えることができるかもしれない。さらにその主体は、われわれがピーマンを見て現象的緑さが意識に現れるときの脳状態にありながら、そのとき現象的赤さを経験しているかもしれない。このように現象的な色経験が体系的に反転している主体は、言語報告や行動レベルでは、われわれと難なくコミュニケーションをとることができる。「赤いものをとってきて」と言われたとき、その主体の意識には現象的緑さが現れているが、その主体は現象的緑さと「赤」という語を結びつけているので、われわれが赤と呼ぶものをとってくることができるだろう。しかし、意識に現れている現象的性質のみが異なっているのだ。

こうした可能性が成り立つなら、トマトとその表面がもつ物理的性質は、われわれの知覚的意識には現象的赤さを生じさせ、逆転した主体には現象的緑さを生じさせるということになる。知覚されている対象と性質は同じなので、現象的性質を決定する内容は対象と性質だけだと主張するラッセル的表象説では、現象的性格の違いが説明できない。そこで導入されるのが「与えられ方（モード）」である。フレーゲ的表象説は、同一の対象や性質が異なる与えられ方をしていることが現象的性格の違いを生み出すと主張するのである（モードと透明性の関係については次章で詳しく取り上げる）[20]。

人によっては、こうした思考実験を真剣に受け取る必要はないと思われるかもしれない。だがここでは、こうした逆転主体が可能であるかどうかは重要ではない。重要なのは、同一の対象と性質が異なる主体に異なる現象的性質を生じさせることを説明するアイディアそのものである。それは、ゲシュタルト的まとまりを説明するために使えるのだ。

アヒルに見える経験とウサギに見える経験の違いは、前述のとおり、判断や解釈の違いではなく知覚経験の現象的性格の違いと捉える方が適切である。他方で、その図がもつ色や形といった低次性質は同じままである。すると、知覚されている対象と性質だけでは、知覚経験の現象的性格の違いを説明することができない。そうすると、知覚体制化の違いに由来する現象的性格の違いを説明するためには、モードを導入する必要があると考えられるのだ（Chudnoff 2013）。

美的知覚における知覚体制化も、フレーゲ的内容で説明できるだろう[21]。つまり美的知覚の現象的性格を構成する現象的な美的性質は、対象と性質の与えられ方に対応するものだと考えられるのである[22]。多義図形の与えられ方が複数あるように美的な与えられ方も複数あり、それが美的判断の不一致の原因と考えられるのだ。さらに、この考えに基づいて解消不可能な不一致の問題を回避できるようになる。次にそれをみてみよう。

知覚のモードと美的性質

「与えられ方」は、知覚経験の対象となる事物の「表象のされ方」（Thompson 2009）、または「外延に関する条件」（Chalmers 2004; 2011: chap. 11）である。知覚内容には対象と性質の与えられ方が含まれているが、そうした内容をもつ知覚経験によって表象されているのは、対象と性質なのである。与えられ方は現象的性格に寄与するが、モードに対応する現象的性質そのものは対象の性質ではない。現象的性格の違いは、同じものが違った仕方で指し示されていることによって説明されるのである。

こうした考えに基づくと、美的知覚を次のように説明できる。すなわち、美的な知覚経験において表象されているのは対象とそれがもつ非美的性質の集まりだけだが、それらが特定の仕方で表象されることで、現象的な美的性質が意識に現れるのである。美的性質の知覚は、対象がもつ非美的性質を表象・指示するためのモードの一つなのだ。

この考えでは、対象がもっているのは非美的性質だけであり、現象的な美的性質そのものは対象がもつものではないことになる。[23] そうすると、不一致の場合にも、二人の鑑賞者の意識に現れている異なる現象的な美的性質はどちらも対象に帰属させられず、「異なる美的性質を同じ対象がもつ」という問題が生じない。両者は同じ非美的性質を異なったモードで表象しているため、知覚される美的性質が異なると説明できるのである。

フレーゲ的表象説を用いるポイントはまさにここにある。たとえラッセル的表象説でどうにか知覚体制化を説明できても、現象的性質に対応する内容は対象と性質に尽くされるという主張のために、不一致を引き起こす美的性質を同じ対象に帰属させなければならず、前述の問題に突き当たってしまうのだ。

さらにフレーゲ的表象説は、⑵「美的性質は非美的性質の集まりから創発する、あるいはそれらに依存している」を維持できる。⑵の根拠は、「対象が特定の美的性質をもつのは、それが一定の非美的性質をもつからである」ということだった。高次モード知覚説では、対象が特定の非美的性質をもっているからこそ、それが美的なモードでまとめられる、と主張することになるだろう。そして「創発」については次のように主張する。確かに、美的知覚における意識には非美的性質に還元されないという意味で創発的な全体論的特徴（現象的な美的性質）が現れている。だが、知覚的意識に創発的なものがあるからといって、対象にも創発的なものがある（創発的性質を対象がもつ）ことが導かれるわけではない。それは知覚的意識の特徴だと主張する余地があるのだ。

このように、フレーゲ的表象説では、美的知覚における現象的性格を説明しつつも、現象的な美的性質を対象に帰属させず反実在論をとることで実在論の問題を回避し、さらに、⑵が述べていた依存・決定関係を維持できるのである。

次に、この立場とレヴィンソンの立場を比較しよう。すでに述べたように知覚経験を趣味に相対化する点は同じなので、この見解でも美的性質は非美的性質と趣味に付随するものだということになる。だが、美的性質と美的知覚の本性についての見解が異なる。レヴィンソンの立場では、対象は知覚されていなくとも美的性質をもっており、そして美的知覚は対象の美的性質がそのまま知覚的意識に現れることである。他方で高次モード知覚説では、対象は美的性質をもっておらず、そして美的知覚とは、対象がもつ非美的性質の集まりが「美的なモードで」知覚的意識に現れることである。

ここで「反実在論をとってまで美的知覚を擁護するのはなぜか」という疑問があるかもしれない。

というのも、美的性質が実在しないのなら美的性質の知覚もないと考える方が自然だからだ（だからこそ反実在論者は美的知覚説に反対するのかもしれない）。

この疑問には第1節で挙げた(3)と(4)、つまり「非条件支配的」という特徴に訴えて次のように答えられるだろう。われわれは実際にさまざまな対象を美的に判断しているが、そうした判断の根拠は、非美的性質をいくら挙げても不十分である。そうであるなら、反実在論をとっても、美的判断の根拠として美的知覚があると考えなければならないのである。

知覚の哲学と美学

本章の考察をまとめよう。優美さなどの美的性質は、色や形などの非美的性質の集まりが特定の仕方で体制化されることで意識に現れる。知覚体制化は過去の経験の影響を受けるため、経験が異なれば、同じ対象を知覚したとしても異なる現象的美的性質が意識に現れる。そのため、解消不可能な美的判断の不一致が生じる可能性がある。こうした美的知覚は、知覚のモードを導入するフレーゲ的表象説を使って説明される。現象的な美的性質は、非美的性質の集まりが特定の与えられ方をすることによって意識に現れるものである。与えられ方は対象の性質ではないため、現象的な美的性質は対象の性質ではないことになるが、知覚的意識に現れる美的性質は美的判断の根拠になりうる。

最後に強調したいのは、たとえ本章の知覚説が反論にさらされるとしても、本章の冒頭で挙げた副次的な目的が達成されていることに変わりないという点である。それは、美学の問題を考察するための新しい視点を知覚の哲学が与えうることを示すというものだった。前節で述べたとおり、美的知覚を趣味に相対的にする点はレヴィンソンと同じであり、また、美的知覚をゲシュタルトによって理解する方針も珍しくはない。だが、本章の議論はそこにフレーゲ的表象説を加えることで、美的性質の反実在論をとりつつ知覚説を維持できるようにしている。知覚説に限らず他の既存の美学的見解も、哲学的知覚理論を加えることによって新たな知見が得られるかもしれない。たいていの美的経験には知覚が関わっているため、その可能性は十分にあるだろう。

註

（1）ここで述べたように自然物も美的性質をもつので、美的性質は芸術作品だけがもつ性質ではない。また、美的性質と芸術的価値が同義ではないことにも注意しよう。確かに芸術的価値の一部には美的性質があるだろうが、美的性質ではない芸術的価値もある。たとえば、非常に複雑なメロディを生演奏する場合と、その生演奏を録音したシンセサイザーやサンプラーのボタンを押す場合とを比べてみよう。どちらの場合でも同じメロディが奏でられ、二つのメロディはまったく同じ美的性質をもつ。だが、〈技巧的である〉という価値をもつのは生演奏だけである。

（2）イギリスの美学者。かつてオックスフォード大学に在籍し、ライルやオースティンといった日常言語学派の影響のもと、美や感性に関する概念や用語の分析に焦点を合わせた美学研究（いわゆる「分析美学」）を行った最初期の人物である（Lyas 2013）。

（3）一九六五年の論文では純粋な評価的判断は評決（verdicts）と呼ばれている。そして、一九七四年の論文では、記述的要素をもたない評価的な用語は「評価のみの用語（solely evaluative terms）」と呼ばれ、記述的要素をもつ用語には

「評価が付加された用語（evaluation added term）」と「記述的な価値用語（descriptive merit-term）」の二つがあると言われている。前者は記述的要素と評価的要素の両方をもつ用語であり、後者は価値性質を指示する記述的要素のみをもつ用語である。ここで重要なのは記述的要素をもつことなので、二つの区別については論じない。

（4）美的性質も道徳的性質も価値的な性質だが、美的性質はここで述べたように低次性質との結びつきがかなり緊密であるのに対し、道徳的性質はそれほど緊密ではない。たとえば、犬を蹴っ飛ばしている人の服が何色であるかは、道徳的判断に違いをもたらさないだろう。

（5）「美的」を定式化するさまざまな試みについてはステッカー（Stecker 2010: chap. 4）を参照。そこで指摘されているように、美的性質を趣味の行使によって知覚可能になるものと特徴づけると、美的性質を使わずに趣味を特徴づけない限り説明が循環してしまう。

（6）ここで次の疑問が生じるかもしれない。たとえば、一つの非美的性質（一様な一つの色など）しかもたない絵画も美的なものとして経験されうる。その場合、まさにその色が美的に経験されており、その場合には色も美的性質だと言えるのではないか。そのため、美的性質と非美的性質を峻別するシブリーの見解は誤っているのではないか。しかし、低次性質が単独で美的とみなされるということが正しいとしても、シブリー流の見解は、複数の低次性質に依存した美的性質に適用される理論として維持できるだろう。別の応答は註(11)でウォルトンの「芸術のカテゴリー」(Walton 1970) を説明する際に挙げる。

（7）趣味は学習によって獲得されるものだと述べたが、第3章で扱った種性質も、それを知覚するためには学習が必要であると言われていた。そのため、趣味の内実を明らかにするためには、趣味に特有の学習内容を特定する必要があるだろう。一つの方針は、美的知覚は他の知覚とは異なり、情動が関与すると主張することである（源河 2016a, b）。

（8）この立場はブラックバーンの道徳の準実在論（Blackburn 1993）と似ているようにみえるかもしれない。実際に、本章や次章で展開される立場には、準実在論との共通点が多くあるだろう。しかし、美的な領域で準実在論が展開できるのかについては論争がある（Hopkins 2001; Todd 2004）。その論争ではカントに由来する美的判断の自律性が問題になっており、知覚の哲学だけで扱える問題ではないので、本書では立ち入らない。本書の立場はあくまでもシブリーに基づくものである。

(9) シブリーの一九六八年の論文では、美的判断は「美的感覚ないし直観」に基づくと言われているが、知覚と区別される意味での「直観」を使った議論はない。

(10) 関連する重要な事柄として、判断の一般性が関わっているかもしれない。倫理学では、道徳的判断は直観に基づくと主張する立場が受け入れられることが多いのに対して、美学では直観に訴えられることはほとんどない。その一つの理由として、倫理学では道徳原理が求められているのに対して、美学では美的原理が成り立たないという考えが（シブリーの議論などに依拠して）優勢だということが挙げられるかもしれない（美的判断の一般性があるとしても、ある作品の複製品にも同じ美的判断が下されるなど、まったく同じ非美的性質をもっているものに同じ美的判断が下されるといった、限定されたものである）。興味深いことに、道徳的判断の一般性を否定する個別主義は、道徳的判断の根拠として道徳的性質の知覚を持ち出すことがある（詳しくは、蝶名林 2014–2015 を参照）。

(11) ウォルトンは、作品がどのカテゴリー（たとえば、キュビズム絵画、古典的ソナタ、後期ベートーヴェンスタイル、といったカテゴリー）に属するものとして知覚されるかに応じて美的判断が異なることから、美的性質は低次性質だけでなくカテゴリー（そしてカテゴリーを決定する作品の歴史的経緯に）にも依存すると主張している（Walton 1970）。この主張は付随説への反論ではなく、付随性の基礎には低次性質だけでなくカテゴリーも含まれるという主張として理解できる（Zangwill 2001: chap. 3）。この主張と知覚説を両立させるには、カテゴリーも知覚的に判別できること（つまり、種性質の知覚可能性）を示す議論が必要になるだろう（Stokes 2014 や源河 2015b）。とはいえ、以下ではそれを認めても生じる問題を検討する。

また、こうしたカテゴリーを用いると註(6)で挙げた問題を扱うことができる。つまり、単一の色しか使われていない絵画も、特定のカテゴリー（絵画カテゴリーなど）に属する芸術作品として知覚され、その結果、色とカテゴリーに依存した美的性質が絵画に帰属させられると考えられるのである。美的だと言われているのは、色そのものではなく、そうした色をもち、特定のカテゴリーに属する絵画なのである。
(12) これから説明するように、高次モード知覚説では美的性質の実在論が放棄されるが、それは美的性質をモードとして説明するためである。この理論では、実在論を放棄した結果として解消不可能な不一致の可能性を認めることができるようになる。だが、その可能性を認めることを目的とした理論ではない。
(13) 註(11)で述べた付随性の基礎にカテゴリーを加えることと、趣味を加えることは大きく異なる。一つの作品は複数のカテゴリーに属しうるが(たとえば、絵画カテゴリーと抽象画カテゴリー、など)、カテゴリーは作品の歴史的経緯などによって決まっているため、一つの作品が、美的判断の不一致を引き起こす異なる性質を付随させるような、相容れないカテゴリーのどちらにも属するということはないと考えられる。
(14) レヴィンソンの二〇〇五年の論文では、美的性質のなかには相対的でないものもあると言われている。
(15) 別の方法で美的性質の実在論を擁護するものとしては、マクダウェル (McDowell 1983) が挙げられる。そこでは、「実在する」という概念の検討を通して実在論が擁護されている。
(16) 美的性質がゲシュタルトであることはレヴィンソンも認めている (Levinson 2001)。
(17) レヴィンソンは、美的性質は高階の現れ方 (higher-order ways of appearing) だと主張している (Levinson 2005)。この考えを展開するうえでレヴィンソンは、マーク・ジョンストンの「現れの理論 (theory of appearing)」のアイディアを用いている (Johnston manuscript)。まずレヴィンソンは、現れの理論を用いて、非美的性質、たとえば色は、対象の「現れ方」の一つであると述べている。そして現れ方は、知覚経験の特徴ではなく、対象の側の性質だとみなされている。現れの理論は、第2章で挙げた素朴実在論を洗練させた立場であり、対象が意識に現れる際にもっているようにみえるさまざまな性質をすべて対象に帰属させ、そうした性質との関係によって知覚を説明する立場なのだ。実際にレヴィンソンは、現れ方は「存在のあり方 (ways of being)」の一種であると述べており、現れ方を対象が実在論的にもつ性質とみなしている。そして美的性質は、非美的性質のさらなる「現れ方」の一つ (美的な現れ方) であると主張しており、そのため「高階」という用語が用いられている。

(18) ナナイは、美的経験にはこうした拡散的注意（distributed attention）が重要だと指摘している（Nanay 2016, chap. 2）。

(19) 第2章で、高次性質の知覚可能性を擁護するために概念主義をとる必要はないと述べたが、美的性質についてもそうである。ここで提案した説明に必要なのは、美や芸術に関する知識が注意を変化させることであって、知覚内容が命題的構造をもつことではない。また、知覚を変化させる知識が概念のような命題的構造をもつものとは限らない（技能知かもしれない）。

(20) モードを導入する他の立場としては副詞説がある。副詞説はセンスデータ説の代案として提示されたものである。第2章で述べたように、センスデータ説は、たとえば、赤いものがないにもかかわらず現象的赤さが意識に現れている幻覚を取り上げ、そうした場合に、現象的赤さをもつセンスデータが存在すると主張する（センスデータ推論）。これに対し副詞説は、現象的赤さは、それをもつ対象が存在することによって説明されるのではなく、赤いモードで知覚されていることによって説明されると主張し、センスデータの導入を阻止するのである。

(21) 前註で挙げた副詞説を使えば、表象内容を認めないタイプの関係説と高次モード知覚説を両立させられるかもしれない。つまり、見知りにも「見知りの仕方」があり、高次性質に対応する現象的性質はそれによって説明されると主張するのである。副詞説＋関係説というアイディアは、高次性質知覚ではなく、錯覚を説明するためのものとして提案されている（Conduct 2008）。

(22) 高次モード知覚説の目的は高次性質知覚の説明にあるので、低次性質の知覚についてどちらの表象説をとるかはオープンにしておきたい。低次性質についてラッセル的表象説をとる場合、高次モード知覚説は、低次性質は表象内容に含まれることで現象的性格に反映されるが、高次性質は低次性質の与えられ方というモードによって現象的性格に反映されるようになると主張することになるだろう。他方で、低次性質についてもフレーゲ的表象説を採用する場合、現象的な低次性質は対象がもつ性質の与えられ方であり、現象的な高次性質は、対象がもつ性質の与えられ方（低次性質）の集まりの与えられ方ということになる。

ところで、「与えられ方の与えられ方」という表現は、レヴィンソンの「高階の現れ方（現れ方の現れ方）」に似ているかもしれない。だが、その内実は大きく異なる。レヴィンソンは現れの理論を用いて「現れ方」を対象に実在論的に帰属させているが、以下で説明するように、フレーゲ的な与えられ方は、対象がもつ性質ではない。

(23) 詳しくは第7章で説明するが、この立場でも、対象は現象的な美的性質の知覚を引き起こす傾向性をもっていると言うことができる。人によってはこの立場は実在論にみえるかもしれない。だが、レヴィンソンの分類では実在論にはならないだろう。というのもレヴィンソンは、美的性質は知覚される現象的なものであると主張し (Levinson 2005: 222)、そのうえで実在論を擁護しているからである。現象的な美的性質とそれを引き起こす傾向性は異なるものなので、傾向性を対象に帰属させてもレヴィンソンが言う実在論にはならないのだ (またレヴィンソンは、傾向性は知覚されるものではなく知覚から推論されるものだとも主張している [Levinson 2005: 219])。

第7章　知覚の存在論と認識論

本書はこれまで様々な高次性質の知覚可能性を検討し、そのなかで高次モード知覚説を提示した。だが第1章で述べた通り、高次性質の知覚可能性を主張するどの理論でも避けては通れない課題がある。それは、存在論や認識論に影響を与える主張を引き出すというものだった。知覚と関連する領域に影響を与えるような仕方で高次性質の知覚可能性を主張しなければ、知覚可能性の問題を考えることにどういった意義があるのかが不明瞭になってしまうのだ。当然、高次モード知覚説もこの課題を果たさなければならないだろう。

一見すると、高次モード知覚説はこの課題を果たせるようにみえる。第5章の議論からは、音の不在は知覚可能なものとして環境に存在していると言え、第6章の議論からは、美的性質の知覚は美的判断の根拠になると言えそうだ。

しかし、高次モード知覚説が言う「知覚のモード」が、存在論や認識論にどういった影響を与えるかはまだ十分考察されていない。そして、この点に関していくつかの懸念事項がある。本章では、そうした懸念を検討し、高次モード知覚説が前述の課題を果たせているかどうかを検討しよう。

1　知覚のモードと傾向性実在論

まずは、存在論的課題から検討しよう。知覚は客観的な環境に属するものを捉える働きだと考えられているため、もし高次性質が知覚可能だと言えれば、高次性質も客観的な環境に属していると主張できるはずである。

存在論的懸念

だが、高次モード知覚説からこうした主張を引き出せるのかに関して疑念がある。それは、現象的な高次性質を知覚のモードで説明するという、高次モード知覚説の核となる主張から生じる。というのも、一般的に言って、**モードによって説明される現象的性質は環境に存在していないと考えられる**からである。

第6章ではフレーゲ的表象説を例にして知覚のモードを説明していたが、そこでも述べた通り、フレーゲ的表象説は現象的性質を対象に帰属させないために作られた知覚理論である。フレーゲ的表象説を動機づける事例は、同じ対象・性質が知覚されているにもかかわらず、異なる主体の知覚的意識に異なる現象的性質が現れるというものだった。フレーゲ的表象説はこの違いを、同一の物理的性質が異なるモードで表象されていることとして説明する。簡単に言えば、同じものが違った仕方で見えているということだ。しかしそうすると、その「見える仕方」自体は、知覚経験の特徴であって、対象の特徴ではないことになるだろう。

フレーゲ的表象説は色などの低次性質の知覚を説明するために提案されたものだが、それを応用した高次モード知覚説には、現象的な高次性質について同様の主張が導かれる。つまり、現象的な高次性質そのものは対象の性質ではない、環境の側にはないという主張が導かれるのだ。だがこれは、高次性質知覚の理論に期待される主張とは正反対のものではないか。そうであるなら、高次モード知覚説は存在論的課題を果たせていないことになるだろう。

傾向性実在論

この懸念に対処するために、まず、不在と美的性質には異なる扱いが可能だということから説明しよう。

高次モード知覚説で導入された知覚のモードは「ゲシュタルト的まとまり」だが、第５章で知覚可能性を擁護した音の不在は、まとまりそのものではない。むしろ、まとまりは音脈である。確かに、音脈そのものは、環境に属するものではない。それは複数の音が表象される仕方によって説明されるもの、つまり、知覚経験のあり方によって説明されるものだからである。これに対し知覚可能な音の不在は、音と同じく、音脈というまとまりと部分－全体関係に立っているものである。

第5章では、音の不在は前後の音がなければ存在できない依存的対象だと述べていたが、重要なのは、音の不在が依存しているのは前後の音であって、前後の音が音脈**として聴かれることではない**という点である。音の不在は、聴覚情景分析によって複数の音がまとめられ、音脈ができることによって初めて知覚可能になる。だが、知覚されていなくとも、音が存在すればそれに依存して存在すると考える余地も残されているのだ。

実際のところ、第5章で説明したように、音の不在は〈物体の振動が一旦止まる〉ということに対応するものとして知覚されている。そして、〈物体の振動が一旦止まる〉ということは、〈物体が振動する〉ということと同じく、主体のまわりの環境で実際に起こっている物理的な出来事とみなせるだろう。これが正しければ、知覚されている音の不在は環境に属するものであるということになり、先ほどの懸念は回避される。

だが、知覚される音の不在が環境に属するものでないとしても、高次モード知覚説を使って音の不在が知覚可能だと言えれば、そこから一定の存在論的主張が導かれる。この点を理解するには、第6章で実在しないと明確に述べた美的性質をみるのがいいだろう。

高次モード知覚説にしたがうと、現象的な美的性質はゲシュタルト的まとまりであり、環境に属するものではない。したがって、ここで挙げた懸念がまさにあてはまるだろう。だが、まとまりに対応するものがまったく環境に存在していないわけではない。というのも、フレーゲ的表象説でも、**表象**

のモードを引き起こす原因が環境に存在していると言えるからである。

フレーゲ的表象説では、同一の物理的性質がある人に赤いモードの知覚を引き起こし別の人に緑のモードでの知覚を引き起こすことが認められる。そして、こうしたモードは、いつも赤く見えるものがたまたま緑に見えたという錯覚を説明するためのものではない。むしろ、逆転スペクトルのように、同じ物理的性質が片方の人にはいつも現象的赤さを生じさせ、もう片方の人にはいつも現象的緑さを生じさせる、ということを説明するためのものである（Thompson 2009）。物理的性質を知覚したときに生じるモードは個人間で異なるかもしれないが、特定の主体（と、その人と同じような知覚経験をもつ複数の主体）に限定するならば、モードと物理的性質には対応がみられるのである。

そうであるなら、高次モード知覚説にも、ゲシュタルト的まとまりの知覚を引き起こす原因が環境に存在すると主張する余地があるだろう[1]。そして、そうした原因は、単なる低次性質の集まりではない。というのも、その原因は、**特定の知覚主体に**高次のモードの知覚を引き起こすような低次性質の集まりであり、低次性質と知覚主体のあり方の両方に言及することによって特徴づけられる**傾向性**(disposition）だからである。

傾向性について簡単に説明しておこう。傾向性の典型例としては水溶性が挙げられる。砂糖は水に溶けるが、水に入れられていないときでも〈水に入れられれば溶ける〉という水溶性をもっている。というのも、その性質は水に入れられていない砂糖がもつ化学的構造によって実現されているからである。水溶性は、砂糖がもつ化学的構造と、水に入れられるという条件によって特徴づけられる。そして、その条件が満たされたとき、水に溶けるという出来事が実現するのである。

これと同じく、現象的な美的性質は、特定の対象が（洗練された趣味をもつ主体によって）特定のモードで知覚されるという条件が満たされたときに実現されるものだと言えるだろう。しかしその対象は、そのように知覚されていないときでも、現象的な美的性質を生じさせる傾向性をもっている。それは、水に入れられていない砂糖が水溶性をもつことと同様である。

このように高次モード知覚説からは、高次のモードの知覚を引き起こす傾向性が環境に存在するという主張が導かれる。環境には、低次性質に加えて、低次性質のゲシュタルト的まとまり（現象的な高次性質）を生じさせる傾向性があるのだ。こうした傾向性は、高次性質を捉える心的状態が知覚ではないと考えた場合には存在していると言えるようなものではない。もちろん、高次性質についての思考（信念・判断・推論）を引き起こす傾向性は、たとえ高次性質が知覚可能でなくとも、環境に存在していると言う余地があるかもしれない（そう主張するための議論を別個に作る必要はあるが）。だが、知覚的意識に現れる現象的性質を生じさせる傾向性は、知覚可能性から導かれるものである。以上の考えが正しければ、高次モード知覚説からは、環境に属するものの種類が増えるという主張を引き出せると言えるだろう。

この主張は、もともと期待されていた存在論的主張とは少し異なると思われるかもしれない。というのも、高次モード知覚説で環境に存在していると言えるのは、意識に現れる高次性質そのものではなく、それを生じさせる傾向性でしかないからだ。だが、こうした違いが必ず理論的な後退になるわけではなく、むしろ利点にもなる場合もある。それは美的性質の場合に明らかである。

第６章で説明した通り、知覚的意識に現れる美的性質を対象が実際にもつと主張すると、解消できない不一致が説明できなくなってしまう。だが、高次モード知覚説はそれを説明できる。対象がもつ非美的性質の集まりは、片方の鑑賞者にはある美的なモードを引き起こし、もう片方の鑑賞者には別の美的なモードの知覚を引き起こすと主張することができるからである。同一の低次性質の集まりが、ある主体にはあるモードの知覚を引き起こす傾向性をもち、別の主体には別のモードの知覚を引き起こす傾向性をもつと考えることは矛盾しない。それはちょうど、ネギは人間には〈栄養になる〉という傾向性をもつが、犬や猫には〈毒となる〉傾向性をもつことと同じように理解できる。食べられているネギそのものは同一でも食べる主体のあり方に依存して異なる効果がもたらされるように、知覚されている対象が同一でも、それを知覚する主体のあり方（主体がもつ趣味）が異なれば、異なる現象的性質が実現されると考えられるのである。そのため高次モード知覚説は、高次モード知覚を引き起こす傾向性が環境の側にあることを認めつつも、現象的な高次性質そのものは環境にないと主張することで、この問題を回避できるのだ。

音の不在について反実在論をとった場合も、同様の主張が導かれるだろう。音は環境の側に属するが、現象的な音脈とそこに含まれる音の不在は環境にはなく、あるのはそれらを生じさせる傾向性だけということになるのだ。音の不在について実在論をとるか反実在論をとるかについては、さらに議論の余地があるかもしれない。しかし、いずれの場合でも、高次モード知覚説は一定の存在論的主張を引き出せていると言えるだろう。というのも、音の不在が知覚可能なものでないなら、それを知覚させる傾向性すら環境にないことになるからだ。

ここで、高次モード知覚説という同じ理論から、高次性質ごとに異なった主張が導かれうることが奇妙に感じられるかもしれない。つまり、不在の場合には実在論の余地があるが美的性質にはそれがないことは一貫性を欠いていると思われるかもしれない。だが、この点は問題ではない。というのも、高次モード知覚説は、高次性質知覚を説明するための**基礎的な枠組み**でしかないからである。他方で、第1章で述べた通り、「高次性質」というカテゴリーは非常に緩いものである。美的性質と不在はそうした緩い基準では同じカテゴリーに入るが、実際のところかなり異なるものである。そのため、第5章と第6章でみた通り、それぞれの知覚可能性を擁護するための議論はまったく別物になっている。こうした違いのために存在論的な違いが出てくることは、さほどおかしくないだろう。

2　現象的性格に基づく正当化

次に認識論的課題を検討しよう。高次性質が知覚可能だと言えれば、さらに、高次性質についての信念や判断は、低次性質についての信念・判断と同じく、知覚によって非推論的に正当化されていると主張できるはずである。

認識論的課題でも、環境に存在するのは高次モード知覚を引き起こす傾向性でしかないという点が問題になる。そのため以下では、実在論的に解釈できる不在は省略し、反実在論が主張された美的性質を例にして認識論的影響を検討しよう。

認識論的懸念

その懸念を理解するためには、第2章で説明した「知覚経験の透明性」を考えるのがいいだろう。それは、知覚経験を一人称的に観察してみつかるのは対象の性質だけであり、知覚経験そのものは性質をもたないように思える、というものだった。たとえば、ポストを見る経験をもつ際に意識に現れる現象的性質はすべてポストがもつ性質であるように思われる。そうであるなら、知覚経験の現象的性格を構成する性質は、対象そのものがもつ性質に尽くされると考えるのが妥当ではないだろうか。

透明性はふつう低次性質について言われるものだが、高次性質についても同じことが言えるだろう。たとえば、ある対象を知覚したとき、それが優美さや繊細さをもっているように知覚的意識に現れているなら、その作品は実際にそうした美的性質をもっていると考えられるのが妥当ではないだろうか。

だが先ほど述べた通り、高次モード知覚説によれば、現象的な美的性質は対象の性質ではない。そして、対象がもつのはそうしたモードの知覚を引き起こす傾向性でしかない。そしてこの点は透明性に反するように思える。というのも、現象的な美的性質は対象の性質であるかのように意識に現れているが、実際には対象の性質ではないと主張しなければならないからだ。そのため高次モード知覚説は、知覚経験の性質が対象に**投影**されている、と主張することになるだろう（投影説）。だが、対象の性質でないものが対象の性質であるかのように誤って知覚されているという点は変わらない。そのためこの立場は、知覚の**錯誤説**（error theory）を含意するようにみえる。

こうした知覚の錯誤を考慮すると、高次モード知覚に基づく信念や判断も誤っていると考えられるだろう。確かに、高次モード知覚は、高次性質についての信念や判断に非推論的な正当化を与えている。対象を知覚したときに優美さが意識に現れる場合、「これは優美である」という判断が正当化されるために、優美さの知覚以外のものは必要とされていない。しかし、高次モード知覚説によると対象は実際には優美さをもっていない。そうすると、高次モード知覚に基づく判断は、対象がもたない美的性質を対象に帰属させており、結局のところすべて誤っていることになるだろう。つまり、知覚の錯誤説からは、美的判断の大規模な誤りが導かれるのである。

この点を考慮すると、高次モード知覚は美的判断の**適切な**根拠にはなりえないと考えられるのではないだろうか。そしてもちろん、こうした認識論的主張が好ましいとは思えない。そうであるなら、高次モード知覚説は、認識論にとってふさわしい知覚理論ではないと考えられるだろう。

透明性の検討

透明性から始まったこの懸念に対処するためには、透明性という現象をさらに考察する必要があるだろう。第2章で示唆した通り、実のところ、透明性という現象をどう解釈するかについては意見が分かれている。異なる解釈の可能性を理解するために、透明性の源流としてよく挙げられる次のムーアの主張をみてみよう（Moore 1903: 41）。

青の感覚を内観する場合に見つけられるのは青さだけである。他の要素は透き通っているかのようだ。だが、十分注意深く探してみるなら、そして、探しているものがそこにあると知っているなら、青さ以外の要素も見分け**られる**だろう。

最初の一文では、経験そのものは性質をもっていないように思われるということが言われている。しかし二文目では、知覚経験に十分な注意を向けた場合、知覚経験自体の性質が見つけられる可能性が示唆されているのである。

この点からカインドは透明性の解釈を二つに分けている（Kind 2003）。

強い透明性：自身の経験に直接注意を向けることは**不可能である**。つまり、経験によって表象されている対象に注意を向ける以外には、自身の経験に注意を向けることはできない。

弱い透明性：自身の経験に直接注意を向けることは**難しい**（が不可能ではない）。つまり、経験によって表象されている対象に注意を向けることは、経験に注意を向ける最も簡単な方法でしかない。

認識論的懸念の出発点となった透明性についての見解は、強い透明性を前提としている。知覚経験に注意を向けるとは知覚経験の対象に注意を向けることであり、知覚経験そのものの性質は見つからないと述べているのだ。

だが実際のところ、弱い透明性を排除して強い透明性を支持するような議論は与えられていない。出発点となった見解では、一人称的な観察からすると知覚経験は性質をもたないように**思われる**と言われている。だがそれだけでは、どんなに注意深く観察しても知覚経験そのものの性質に気づくことは不可能であるという強い主張まで支持されるわけではない。一人称的観点からそう思われるとしても、事実としてそうであるとは限らないのだ（この点は小草［2011］で指摘されている）。

むしろ、高次モード知覚は知覚経験の性質に気づける例かもしれない。前章ではウサギ／アヒル図を使って知覚のモードを説明していた。その図を見る際にわれわれは、ウサギ／アヒル図そのものに何の変化がなくとも、その図はウサギに見えたりアヒルに見えたりすると気づきうる。そうすると、図に変化がない以上、そうした見え方は知覚経験の特徴であると気づくことが可能だろう。こうしたゲシュタルト反転の仕組みを知らない場合、知覚経験に注意を向けるためには、知覚対象がもつ低次性質に注意を向ける他ないのかもしれない。だが、その仕組みを知っているなら、対象の低次性質に加えて、知覚経験の特徴としての現象的な高次性質に気づくことができると考えられるのである。このようにして知覚経験の性質に気づける場合、対象がもたない性質を対象に帰属させるという知覚経験の錯誤説は回避される。主体は、現象的な高次性質が知覚経験の特徴だと気づいているからである。現象的な優美さが知覚経験の特徴であると気づける場合、確かに主体は、「この対象は優美だ」といった判断を下さないだろう。しかしその場合でも、その主体は美的な知覚経験に基づいて「この対象は優美さの経験を引き起こすものだ」と判断することができる。そして、この判断は正しいものである。というのも、前節で述べた通り、対象は美的知覚を生じさせる傾向性をもっているからだ。そうすると、高次モード知覚は、こうした判断の正しい根拠になると言えるだろう。

だが、この懸念はこれだけでは片付けられないようにも思われる。というのも、現象的性質を対象の性質として帰属させる判断が成り立つ場合があることは否定できないからだ。たとえばアヒル／ウサギ図を見たとき、図がまさにアヒルであるように見え、その知覚経験に基づいて「これはアヒルの絵だ」といった判断が下される場合もあるだろう。アヒルの見えが知覚経験の性質だとしても、その知覚経験に基づいてアヒル性を対象に帰属させる判断が成立することには何らかの説明が必要とされるはずである。同様に、「この絵はダイナミックだ」など、ダイナミックさを知覚経験ではなく対象に帰属させる判断が成立することは否定できない。そして、その場合の判断がどういった認識論的身分をもつかは、改めて検討する必要がある。

そのため以下では、高次モード知覚説が錯誤説の一種であることを認めてみよう。以下では、それを認めたとしても、高次モード知覚説は認識論的課題を果たせていると主張したい。

信念・判断の客観性

認識論的懸念を確認しておこう。知覚の錯誤説にしたがえば、主体は知覚経験の性質を対象の性質であるかのように経験し、それに基づいて、対象が実際にはもたない性質を対象に誤って帰属させる判断を下すことになる。そうすると、たとえば、「この絵はダイナミックだ」といった美的判断はほぼすべて誤っていることになるだろう。だが、これは認識論的に好ましい主張だとは到底思えない。

この懸念に対処するため、まずは信念や判断の大規模な誤りがなぜ嫌われるのかを考えてみよう。それは、大規模に誤った信念をもつ主体は不合理な存在であり、われわれには理解しがたい主体だということである。だが、われわれが理解しがたい主体には、そもそも信念を帰属させられないように思われる。そうであるなら、帰謬法として、主体に大規模な信念を帰属させてしまう錯誤説は誤っていると考えられるのだ[2]。

確かに、高次モード知覚説は、主体に大規模に誤った信念を帰属させてしまうかもしれない。だが、主体を不合理にしてしまうという点は防げると主張したい。

それを理解するために、本書で何度も登場したミュラー・リヤー図形の錯視について再び考えてみよう。二本の線分は物理的に等しい長さであるにもかかわらず、それぞれの両端につけられた矢羽の向きが異なるために、二本の線分が異なった長さをしているように見える。ミュラー・リヤー図形がこうした錯覚を引き起こすものであることを知らない人がこの図形を見て「二本の線分の長さが異なる」と判断したとしよう。このとき、その人が責められるとすれば、ミュラー・リヤー図形が錯覚を引き起こすものであるということを知らないという点についてであって、その人が不合理だという点についてではない。この人が「二本の線分の長さが異なる」と判断したのには理解可能な理由がある。というのも、その図形は、われわれの視覚システムに錯覚を生じさせてしまうものだからである。このように、われわれが特定の知覚システムをもっているために錯覚が生じてしまい、そのせいで誤った判断を下してしまう場合、判断した主体は不合理だとはみなされないのである。

高次モード知覚にも同様のことが言える。つまり、われわれは特定の対象を知覚したときに特定の高次性質を知覚してしまうような知覚システムをもっていると考えられるのである。たとえば、趣味が適切に行使されているかぎり、特定の状況下では特定の美的性質を知覚せざるをえないと考えられるのだ。したがって、高次モード知覚に基づいて下された判断は、対象がもたない性質を対象に帰属させるという点ですべて誤っていたとしても、そうした判断を下す主体が不合理だということにはならないのである。

さらに、高次モード知覚説では、環境に根拠がある錯誤とない錯誤を分けることもできる。もう一度ミュラー・リヤー図形について考えてみよう。それを見て「二本の線分の長さが異なる」と誤った判断を下す場合でも、**その誤りは環境に根拠をもっている**。こうした錯覚が生じるのは、われわれの知覚システムにそうした錯覚を引き起こす対象が環境に存在するからなのである。他方で、同じ図形を見たときに二本の線分が曲がって見え、それに基づいて「二本の曲線が見える」と判断した場合、こうした誤りの根拠は環境にはない。ミュラー・リヤー図形はそのような知覚をわれわれに引き起こす傾向性をもっていないからである。

高次モード知覚にもこうした区別を与えることができる。たとえば、理想的鑑賞者がある対象を知覚したときにダイナミックさが意識に現れるなら、それに基づいて下される「この対象はダイナミックだ」という判断は、環境に根拠があるということになる。他方で、素人がその作品を知覚したときにけばけばしさが意識に現れ、それをもとに下した「この作品はけばけばしい」という判断は環境に根拠をもたない。このように、高次モード知覚に基づく判断がすべて誤りだとしても、環境に根拠をもたないような偶然的な誤りとは区別されるのである。

そして、根拠のある錯誤とそうでない錯誤を区別できるなら、高次モード知覚は**判断の客観性の基準を与える**という点は維持できる。というのも、環境に根拠をもつ知覚に基づいた判断は、適切ないし客観的に受け入れられるものであり、根拠をもたない知覚に基づいた判断は不適切なものだと言えるからである(3)。

実際のところ、判断の適切さをはかる根拠となっているのは、知覚経験によって対象に帰属させられる性質と対象が実際にもつ性質とが一致していることではない。むしろ根拠となっているのは、環境に根拠をもつような知覚経験の**現象的性格**である。第6章で説明したように、仮に色の反実在論が正しく、対象に色を帰属させる判断がすべて誤っているものであるとしても、ポストを見たときに赤さが意識に現れ、それに基づいて下される「このポストは赤い」という判断は適切だと言える。そして、このとき青さが意識に現れ、それに基づいて下される「このポストは青い」という判断は不適切であると言えるのであえる。ここで適切さの根拠となっているのは、知覚経験によってポストに帰属させられる性質をポストが実際にもっているかどうかではない。むしろ、ポストが通常引き起こすような現象的性格が生じていること自体である。

この点を踏まえると、高次モード知覚説では次のように主張できる。すなわち、たとえ対象が実際には現象的な優美さをもっていないとしても、その対象がもつ傾向性を根拠として現象的優美さを帰属させる知覚が生じるなら、それが適切な判断の基準を与えると言える。したがって、高次性質の知覚に含まれる錯誤は、知覚が信念や判断の客観性を問う根拠を与えるという考えに反するものではないのである。

以上の考えが正しければ、高次モード知覚説では、高次モード知覚が信念・判断の客観性を問う適切な、そして、非推論的な知覚的基準になると言える。この主張は低次性質のみが知覚可能であると考えた場合には導かれえないものである。したがって、高次モード知覚説からは、高次性質を捉える心的状態が知覚でないと考えた場合よりも、信念・判断の根拠が増えるという主張を導くことができるだろう。

最後に、美的な知識に関する経験論と生得説の論争に触れておこう。第1章で述べたように、経験論は美的なものに関する知識は経験によって獲得されたものであると主張し、生得説はそうした知識はあらかじめ脳に実装されていると主張する。美的性質を知覚するためには趣味の洗練という学習が必要であると述べたが、このこと自体は経験論にも生得説にも中立的である。というのも、学習は、新たに知識を獲得する過程としても、もともともっていた知識が利用可能になる過程とも解釈できるからだ。経験論にとって問題なのは、知覚によって獲得される知識だけでは、われわれがもつさまざまな知識に対して少なすぎるのではないかという点だった。だが、美的性質が知覚可能なものであり、美的知覚が美的判断の適切な根拠となるものであるなら、美的なものについての知識も、知覚によって獲得されたと主張する余地が出てくるだろう。もちろん、正当化された信念と知識とのあいだにはギャップがあり、経験論を支持するためにはそのギャップを埋める作業が必要になる。だが、高次モード知覚説は、美的なものについての知識の経験論を後押しする手がかりを与えることができるだろう。

註

（1）　副詞説でも、錯覚や幻覚でない場合には、現象的赤さや緑さにそれぞれ対応する物理的原因が環境にあると主張することができる（Tye 1975）。幻覚や錯覚を除けば、環境に特定の物理的性質があるからこそ、特定のモードでの知覚が生じると考えられるのだ。

（2）　この点は他の論者も指摘している（Daly and Liggins 2010; Howell 2013; Jackson 1998: 103–104）。多くの誤った信念を主体に帰属させることの問題は寛容の原理に反することである（Davidson 1973–1974）。

（3）　ハウエルは、知覚に基づく判断の正しさは適合性（aptness）で決まると述べている（Howell 2013）。たとえ現象的性格に反映されている性質そのものが環境になくとも、その現象的性質はそれを引き起こした対象を適切にトラッキングするための手立てになり、それに基づいて適切な行為を行うことができる。そして、信念や判断の正しさは、こうしたトラッキングや行為の適切さによって決められると述べているのである。この基準にしたがえば、ここで挙げられてきた根拠のある錯誤に基づいた信念は正しいということになるだろう。

結論　何がわかったか？

第7章で見たように、高次モード知覚説からは、一定の存在論的・認識論的主張を引き出すことができる。この知覚理論は、より一般的な存在論・認識論的考察を行うための新たな選択肢を提示しているのである。

ひょっとすると、知覚とは独立の理由で高次モード知覚説が否定されることがあるかもしれない。たとえば、そもそも環境に存在しえるものはどのようなものかという一般的な存在論的考察の結果、高次モード知覚を引き起こす傾向性など存在しないと判明するかもしれない。また、そもそも信念や判断、その正当化とは何なのかという一般的な認識論的考察の結果、高次モード知覚はそれらを正当化する根拠になりえないと判明したりするかもしれない。そうした場合、そこから間接的に、高次モード知覚説が誤りであることが帰結するだろう。

だが、そうした場合でも、高次モード知覚説が実質的な知覚理論であることは変わらない。実質的な高次性質知覚の理論として要請されるのは、「そこから存在論的・認識論的帰結を引き出すことができる」というものだからである。そして、高次モード知覚説はそれを満たしている。高次モード知覚説は、存在論や認識論についてのより一般的な考察から是非を問われるような、知覚の本性に関する主張にとどまらない理論なのである。

序論で述べたように、本書で重視していたのは、知覚の哲学が復活したきっかけとなった意識の問題ではなく、意識の問題を問うなかで洗練されてきた知覚についての見解を応用することだった。つまり、知覚の哲学がさまざまな分野に影響を与えうる実り豊かな領域であると示すことなのである。ここで、本書の考察からどのような見通しが得られるかをまとめておこう。

知覚と判断の境界線

序論では「どこまでが知覚されたものであり、どこからが知覚に基づいて判断されたものなのだろうか」という問いを立てていた。本書のタイトルに即して言うなら、「知覚と判断の境界線はどこか」という問題である。

本書の成果は、この問いに対する簡潔な答えはない、というものである。別の言い方をすれば、何らかの原理や法則に基づいて、ここまでが知覚でここからは判断だとは言えないということだ。実のところ、この主張はかなり早いうちから出ていた。第1章や第3章で述べた通り、すべての高次性質の知覚可能性を一挙に肯定／否定してしまう議論は説得的ではない。なぜなら、個々の高次性質の知覚可能性を主張するために対処すべき問題の違いを無視しているからである。実際に、第5章で扱った音の不在と第6章で扱った美的性質とでは、対処しなければならない問題がまったく異なっていた。他の高次性質も同様に、その知覚可能性を肯定／否定する際には、それぞれに特有の議論が必要になるだろう。

したがって、知覚と判断の境界線を引こうとすれば、特定の対象・性質・事態が知覚可能であるかについて、そのつど地道に検討しなければならないのである。

その他の高次性質

第3章と第4章で種性質と他者の情動を検討した際には、それらの知覚可能性を積極的に擁護しなかった。だが、高次モード知覚説はこうしたものの知覚可能性を主張するために使えるかもしれない。たとえば、〈これは椅子である〉や〈この人は怒っている〉といったことを知覚する際にも、低次性質の集まりが椅子的なまとまりや怒った顔的なまとまりを構成するように表象されることで、種性質や他者の情動に対応するものが現象的性格に反映されると考えられるのだ。

とはいえ、こうした見解を完成させるためには、さらに知覚メカニズムに関する考察を行う必要がある。たとえば、パターン認知やカテゴライズ、対象のプロトタイプを形成する能力、そして、それらを獲得するための学習といったものとゲシュタルト的まとまりの関係について考察し、それらについて第4章で述べた二つの戦略のどちらかを採用できるか検討する必要があるだろう。またその際には、種性質を知覚するために必要な能力（と、それを養うための学習）と、他者の情動を知覚するために必要な能力（と学習）の違いを説明する必要もある。本書で扱わなかった高次性質、たとえば、因果関係、文や発話の意味、道徳的性質についても、ゲシュタルト的なまとまりを見つけ、さらに、それぞれに特有の議論を行えば、高次モード知覚説を使ってそれらの知覚可能性を擁護できるかもしれない。

だがここで注意点がある。それは、現象的な高次性質は対象の性質ではないということである。たとえば、種性質が知覚可能であるとしても、知覚的意識に現れる現象的な犬性と、犬が実際にもっている自然種としての犬性は、存在論的に異なるということだ（対象の側の種性質と知覚的な種性質が異なることは［Paurz 2009］や［Lyons 2005］でも指摘されている）。第7章で述べたように、現象的な高次性質は、高次性質についての判断を非推論的に正当化するが、それ自体は対象には帰属させられないのである。

意識の自然化

最後に、序論や第1章で触れた「意識の自然化」についても少し述べておこう。意識の自然化は、意識を何とかして自然科学の対象となるような物理現象として説明しようという試みだった。

ひょっとすると、高次モード知覚説は反自然主義的な理論にみえるかもしれない。というのも、高次性質知覚における意識を、低次性質をまとめる知覚のモードを使って説明しているからである。そうしたモードは物理的対象の性質ではなく知覚経験の性質なので、物理的に説明できないものを導入しているようにみえるかもしれない。

だが、高次モード知覚説は直ちに反自然主義となるわけではない。まず注意すべきなのは、高次モード知覚は、少なくともゲシュタルト心理学で扱われていたような心理学的現象・法則にまでは還元できるだろう。そうした心理学的現象・法則が、物理的現象・法則にまで還元できるかどうかは、本書で検討してきた知覚可能性とは独立の問題である。もしゲシュタルトが自然化できるなら、高次モード知覚は自然化可能だろうし、ゲシュタルトが自然化不可能なら高次モード知覚もそうだろう。したがって、高次モード知覚説が意識の自然化についてどのような態度をとるかは、ゲシュタルトそのものが自然化できるかどうかに依存しているのである。

意識の自然化に関する議論のほとんどでは、色などの低次性質の知覚にともなう現象的意識しか扱われていない。だが、本書が低次した高次モード知覚説が正しければ、意識には低次性質の集まりには還元されないゲシュタルト的な現象的高次性質が含まれていることになる。意識の自然化がうまくいくかどうかを見定めるためには、現象的な高次性質が自然化できるかどうかも検討しなければならないだろう。

以上のように本書では、知覚の哲学の基本からその応用まで、さまざまな論点をみてきた。知覚はわれわれが世界と接触する第一の手段であり、われわれが行うすべての心的活動の基礎にある。そうであるなら、知覚についての考察がさまざまな領域へ影響を与えうるという点に、何の不思議もないだろう。

あとがき

本書は、二〇一五年に慶應義塾大学に提出した博士学位請求論文「知覚と判断の境界――知覚はどれだけのものをとらえられるか」に基づいている。さらに、博士論文および本書の各章は、各所で発表した以下の論文に基づいている。


第3章「何が知覚されうるのか――知覚経験の許容内容について」、『Contemporary and Applied Philosophy』五巻、一〇〇一―一〇一五頁、応用哲学会、二〇一四年。

第4章「知覚の対象範囲を見定める――感情知覚を例にして」、『現象学年報』三一巻、一五五―一六二頁、日本現象学会、二〇一五年。

第5章「音の不在の知覚」、『科学基礎論研究』四一巻二号、八一―九一頁、科学基礎論学会、二〇一四年。

第6章「美的性質と知覚的証明」、『科学哲学』四七巻二号、八七―一〇三頁、日本科学哲学会、二〇一四年。

また、高次モード知覚説の素描を最初に発表した論文は、「知覚はどれだけのものを捉えられるのか」、『哲学』一三〇巻、一六五―一八四頁、三田哲学会、二〇一三年、である。
これらの論文では知覚経験の許容内容だけに焦点を合わせていた。だが本書の執筆にあたって、知覚の哲学の基本をきちんと説明し、その応用法を具体的に示すという目的を設定したため、新たに章を書きおろすなど、かなりの加筆・修正を行った。

本書の出版は、第三七回（平成二七年度）慶應義塾学術出版基金による出版補助を受けたものである。また本書の執筆中は、日本学術振興会の特別研究員奨励費（16J00533）の支援を受けた。

本書のもとになった博士論文の審査では、柏端達也先生に主査を、西脇与作先生と篠原信彦先生に副査をしていただいた（西脇先生は、退官なさるまで博士課程の指導教員をしていただいた）。また、小草泰さんには公開審査会の特定質問者を引き受けていただいた。いま挙げた方々だけでなく、審査会の出席者からのコメントも、本書を執筆するうえで非常に有益なものだった。また審査会後にも博士論文やその修正原稿にさまざまな方から意見をいただいた。とくに柏端先生には、博士論文を直した草稿全体を読んでいただき、非常に丁寧なコメントをいただいた。また第2章は、前述の小草さん、小川祐輔さん、新川拓哉さんに検討していただいた。第4章は、本文中でも言及した信原幸弘先生に原稿をみていただいた（信原先生は学振研究員の受け入れ先として現在も日々お世話になっている）。また、高田敦史さんからも博論全体について有益なコメントを多数いただいた。全員に面と向かって言う機会はないので、代わりにここで述べておきたい。ありがとうございます。そして、誤字脱字衍字が多すぎてすみません。最後に、本書を担当いただいた村上文さんに感謝します。

知覚の哲学に興味をもったきっかけは、慶應大学の学部生のときに受けた河野哲也先生のギブソン心理学に関する授業だった。そこで、知覚の哲学的研究をするためには心理学も知らなければならないと思い、心理学専攻の増田直衛先生のもとを訪ね、ゼミに参加させていただいた。そのため、最初はギブソン心理学とそれに影響を受けた哲学（エナクティヴィズムなど）に興味があり、修士論文もそうしたテーマで書いた。だが、次第にゲシュタルト心理学の方が面白くなってきたので、本書はこんな感じになっている。

本書で何度も述べた通り、知覚の哲学はさまざまな領域に応用できる実り豊かな分野である。これはもう本当に何度も強調したい。実際に私は現在、知覚の哲学を応用した美的経験の研究を行っている（源河 2015a, b; 2016a, b）。哲学内部で培われた概念や道具立ては、どんどん外に発信していくべきだ。

二〇一七年一月

源河　亨

著者紹介
源河　亨（げんか　とおる）
1985年生まれ。2015年、慶應義塾大学大学院文学研究科博士課程単位取得退学。博士（哲学）。現在、日本学術振興会特別研究員PD（東京大学）、慶應義塾大学非常勤講師。専門は、心の哲学、分析美学。翻訳に、ウィリアム・フィッシュ『知覚の哲学入門』（勁草書房、2014年、共訳）、ジェシー・プリンツ『はらわたが煮えくりかえる——情動の身体知覚説』（勁草書房、2016年）など。著作に、小熊正久・清塚邦彦（編著）『画像と知覚の哲学——現象学と分析哲学からの接近』（東信堂、2015年、共著）など。

知覚と判断の境界線
——「知覚の哲学」基本と応用

2017年4月28日　初版第1刷発行

著　者————源河　亨
発行者————古屋正博
発行所————慶應義塾大学出版会株式会社
〒108-8346　東京都港区三田2-19-30
TEL〔編集部〕03-3451-0931
〔営業部〕03-3451-3584〈ご注文〉
〔　〃　〕03-3451-6926
FAX〔営業部〕03-3451-3122
振替　00190-8-155497
http://www.keio-up.co.jp/
装　丁————岡部正裕（voids）
印刷・製本——株式会社理想社
カバー印刷——株式会社太平印刷社

Printed in Japan　ISBN 978-4-7664-2426-3

人名索引

マ・ラ行

事項索引

サ行

タ行

ナ行

ハ行

マ・ヤ・ラ行

文献一覧

Allen, K.（2013）“Blur”, *Philosophical Studies* 162(2): 257–273.

Audi, R.（2010）*Epistemology: A Contemporary Introduction to the Theory of Knowledge*, 3rd Edition, Routledge.

――――（2013）*Moral Perception*, Princeton: Princeton University Press.

Austin, J.（1962）*Sense and Sensibilia*, London: Oxford University Press.（J・L・オースティン『知覚の言語』丹治信春，守屋唱進訳，勁草書房，1984 年．）

Barnes, W.（1965）“The Myth of Sense-Data”, in R. J. Swartz（ed.）, *Perceiving, Sensing and Knowing*, Berkeley: University of California Press: 138–167.

Bayne, T.（2009）“Perception and the Reach of Phenomenal Content”, *Philosophical Quarterly* 59(236): 385–404.

Bayne, T. and Montague, M.（eds.）（2011）*Cognitive Phenomenology*, New York: Oxford University Press.

Bender, J.（1996）“Realism, Supervenience, and Irresolvable Aesthetic Disputes”, *Journal of Aesthetics and Art Criticism* 54(4): 371–381.

Bennett, J.（1971）*Locke, Berkeley, Hume: Central Themes*, Oxford: Clarendon Press.

Berkeley, G.（1709）*An Essay towards a New Theory of Vision*.（ジョージ・バークリ『視覚新論』下条信輔ほか訳，勁草書房，1990 年．）

Blackburn, S.（1993）*Essays in Quasi-Realism*, Oxford: Oxford University Press.

Bregman, A. S.（1990）*Auditory Scene Analysis*, Cambridge: MIT Press.

Brogaard, B.（2013）“Do We Perceive Natural Kind properties?”, *Philosophical Studies* 162(1): 35–42.

――――（2016）“In Defense of Hearing Meanings”, *Synthese*, DOI 10.1007/s11229-016-1178-x

Butterfill, S.（2009）“Seeing Causings and Hearing Gestures”, *Philosophical Quarterly* 59(236): 405–428.

Byrne, A.（2009）“Experience and Content”, *Philosophical Quarterly* 59(236): 429–451.

Cage, J.（1961）*Silence*, Wesleyan University Press.（ジョン・ケージ『サイレンス』柿沼敏江訳，水声社，1996 年．）

Campbell, J.（2002）*Reference and Consciousness*, Oxford: Clarendon Press.

Casati, R. and Dokic, J.（2005/2010）“Sounds”, *The Stanford Encyclopedia of Philosophy*（Fall 2014 Edition）.

Casati, R. and Varzi, A. C.（1994）*Holes and Other Superficialities*, Cambridge: MIT Press.

Chalmers, D.（2004）“The Representational Character of Experience”, in B. Leiter（ed.）,

The Future for Philosophy, Oxford: Oxford University Press, 153–181.
———— (2010) *The Character of Consciousness*, Oxford: Oxford University Press.（デイヴィッド・チャーマーズ『意識の諸相』太田紘史ほか訳，春秋社，2016年.）
Chudnoff, E.（2011a）"The Nature of Intuitive Justification", *Philosophical Studies* 153 (2): 313–333.
————（2011b）"What Intuitions Are Like", *Philosophy and Phenomenological Research* 82(3): 625–654.
————（2013）"Intellectual Gestalts", in U. Kriegel（ed.), *Phenomenal Intentionality*, New York: Oxford University Press, 174–193.
————（2015）*Cognitive Phenomenology*, New York: Routledge.
Clarke, T.（1965）"Seeing Surfaces and Physical Objects", in M. Black（ed.), *Philosophy in America*, Allen and Unwin, 98–114.
Conduct, M. D.（2008）"Naïve Realism, Adverbialism and Perceptual Error", *Acta Analytica* 23(2): 147–159.
Cowan, R.（2014）"Cognitive Penetrability and Ethical Perception", *Review of Philosophical Psychology*, DOI: 10.1007/s13164–014–0185–4.
Crane, T.（2006[a]）"Is There a Perceptual Relation?", in T. Gendler and J. Hawthorne (eds.), *Perceptual Experience*, Oxford: Clarendon Press, 126–146.
Crutchfield, P.（2011）"Representing High-Level Properties in Perceptual Experience", *Philosophical Psychology* 25(2): 279–294.
Cullison, A.（2010）"Moral Perception", *European Journal of Philosophy* 18(2): 159–175.
Daly, C. and Liggins, D.（2010）"In Defense of Error Theory," *Philosophical Studies* 149 (2): 209–230.
Damasio, A. R.（1994）*Descartes' Error: Emotion, Reason and the Human Brain*, New York: G.P. Putnam.（アントニオ・ダマシオ『デカルトの誤り——情動、理性、人間の脳』田中三彦訳，筑摩書房，2010年.）
Davidson, D.（1973–1974）"On the Very Idea of a Conceptual Scheme", *Proceedings and Addresses of the American Philosophical Association* 47: 5–20.
Dorsch, F.（2013）"Non-Inferentialism about the Justification of Aesthetic Judgements", *Philosophical Quarterly* 63(253): 660–682.
Dretske, F.（1995）*Naturalizing the Mind*, Cambridge, Mass.: MIT Press.（フレッド・ドレツキ『心を自然化する』鈴木貴之訳，勁草書房，2007年.）
————（2003）"Experience as Representation", *Philosophical Issues* 13(1): 67–82.
Ekman, P., and Friesen, W. V.（1971）"Constants Across Cultures in the Face and Emotion", *Journal of Personality and Social Psychology* 17(2): 124–129.

Evans, G.（1982）*The Varieties of Reference*, New York: Oxford University Press.

Farkas, K.（2013）"A Sense of Reality", in F. Macpherson and D. Platchias（eds.）*Hallucination: Philosophy and Psychology*, Cambridge, Mass.: MIT Press, 399–415.

Farennikova, A.（2013）"Seeing Absence", *Philosophical Studies* 166(3): 429–454.

――――（2015）"Perception of Absence and Penetration from Expectation", *Review of Philosophy and Psychology* 6(4): 621–640.

ffytche, D.（2013）"The Hallucinating Brain: Neurobiological Insights into the Nature of Hallucinations", in F. Macpherson and D. Platchias（eds.）*Hallucination: Philosophy and Psychology*, Cambridge, Mass.: MIT Press, 45–63.

Fish, W.（2009）*Perception, Hallucination, and Illusion*, New York: Oxford University Press.

――――（2010）*Philosophy of Perception : A Contemporary Introduction*, New York: Routledge.（ウィリアム・フィッシュ『知覚の哲学入門』山田圭一監訳，勁草書房，2014 年.）

――――（2013）"High-level Properties and Visual Experience", *Philosophical Studies* 162(1): 43–55.

Foster, J.（2000）*The Nature of Perception*, Oxford: Oxford University Press.

Gallagher, S.（2008）"Direct Perception in the Intersubjective Context", *Consciousness and Cognition* 17(2): 535–543.

Gallagher, S. and Zahavi, D.（2008）*The Phenomenological Mind: An Introduction to Philosophy of Mind and Cognitive Science*, London: Routledge.（ショーン・ギャラガー，ダン・ザハヴィ『現象学的な心――心の哲学と認知科学入門』石原孝二ほか訳，勁草書房，2011 年.）

Gangopadhyay, N. and Miyahara, K.（2015）"Perception and the Problem of Access to Other Minds", *Philosophical Psychology*, 28(5): 695–714.

Gibson, J. J.（1979）*The Ecological Approach to Visual Perception*, Boston: Houghton Mifflin.（J・J・ギブソン『生態学的視覚論』古崎敬ほか訳，サイエンス社，1985 年.）

Goldman, A. I.（1989）"Interpretation Psychologized", *Mind and Language* 4(3): 161–185.

Goldman, A. H.（1993）"Realism about Aesthetic Properties", *The Journal of Aesthetics and Art Criticism* 51(1): 31–37.

Goolkasian, P.（1987）"Ambiguous Figures: Role of Context and Critical Features", *Journal of General Psychology* 114(3): 217–228.

Gordon, R.（1986）"Folk Psychology as Simulation", *Mind and Language* 1(2): 158–171.

Gregory, R. L.（1998）*Eye and Brain: The Psychology of Seeing 5th Edition*, New York: Ox-

ford University Press.（リチャード・L・グレゴリー『脳と視覚——グレゴリーの視覚心理学』近藤倫明ほか訳，ブレーン出版，2001 年.）

Grice, H. P.（1961）“The Causal Theory of Perception”, *Proceedings of the Aristotelian Society* 108(3): 289–317.

————（1962）“Some Remarks about the Senses”, in R. J. Butler（ed.）, *Analytical Philosophy, First Series*, Oxford: Blackwell, 133–153.

Harman, G.（1990）“The Intrinsic Quality of Experience”, *Philosophical Perspectives* 4: 31–52.（ギルバート・ハーマン「経験の内在的質」，鈴木貴之訳，信原幸弘編『シリーズ心の哲学Ⅲ　翻訳篇』勁草書房，2004 年.）

Heck, R.（2000）“Nonconceptual Content and the “Space of Reasons””, *Philosophical Review* 109(4): 483–523.

Heidegger, M.（1987）*Zur Bestimmung der Philosophie*, Frankfurt am Main: V. Klostermann.（マルティン・ハイデッガー『哲学の使命について　ハイデッガー全集（第 56/57 巻）』北川東子ほか訳，創文社，1993 年.）

Hinton, J. M.（1967）“Visual Experiences”, *Mind* 76(302): 217–227.

Hoffman, J. and Rosenkrantz, G. S.（1994）*Substance among Other Categories*, Cambridge: Cambridge University Press.

Hopkins, R.（2001）“Kant, Quasi-realism, and the Autonomy of Aesthetic Judgement”, *European Journal of Philosophy* 9(2): 166–189.

Howell, R.（2013）“Perception from the First-Person Perspective”, *European Journal of Philosophy*, DOI: 10.1111/ejop.12065.

Husserl, E.（1931）*Cartesianische Meditationen*.（フッサール『デカルト的省察』浜渦辰二訳，岩波文庫，2001 年.）

Ishizu, T. and Zeki, S.（2013）“The Brain’s Specialized Systems for Aesthetic and Perceptual Judgment”, *The European Journal of Neuroscience* 37(9): 1413–1420.

Jackson, F.（1977）*Perception: A Representative Theory*, Cambridge: Cambridge University Press.

————（1982）“Epiphenomenal Qualia”, *Philosophical Quarterly* 32: 127–36.

————（1998）*From Metaphysics to Ethics*, Oxford: Clarendon Press.

Jacob, P.（2011）“The Direct-Perception Model of Empathy: A Critique”, *Review of Philosophy and Psychology* 2: 519–540.

Johnston, M.（manuscript）*The Manifest*, URL＝ http://www.nyu.edu/gsas/dept/philo/courses/consciousness97/papers/johnston/chap1.html.

Kanwisher, N.（2006）“What’s in a Face?”, *Science* 311: 617–618.

Keeley, B. L.（2002）“Making Sense of the Senses: Individuating Modalities in Humans and Other Animals”, *Journal of Philosophy* 99(1): 5–28.

Kind, A.（2003）“What’s so Transparent about Transparency?”, *Philosophical Studies* 115（3）: 225–244.

Kivy, P.（1968）“Aesthetic Aspects and Aesthetic Qualities”, *Journal of Philosophy* 65（4）: 85–93.

Kosslyn, S. M., Thompson, W. L., Kim, I. J., and Alpert, N. M.（1995）“Topographical Representations of Mental Images in Primary Visual Cortex”, *Nature* 378, 496–498.

Kriegel, U.（2015）*The Varieties of Consciousness*, New York: Oxford University Press.

Krueger, J.（2012）“Seeing Mind in Action”, *Phenomenology and the Cognitive Sciences* 11（2）:149–173.

Lavelle, J. S.（2012）“Theory-Theory and the Direct Perception of Mental States”, *Review of Philosophy and Psychology* 3（2）: 213–230.

Levinson, J.（2001）“Aesthetic Properties, Evaluative Force, and Differences of Sensibility”, in E. Brady and J. Levinson（eds.）*Aesthetic Concepts: Essays After Sibley*, Oxford: Clarendon Press, 61–80.

———（2005）“Aesthetic Properties II”, *Aristotelian Society Supplementary Volume* 79: 221–227.

Lewis, D.（1980）“Veridical Hallucination and Prosthetic Vision”, *Australasian Journal of Philosophy* 58（3）: 239–249.

Logue, H.（2013）“Visual Experience of Natural Kind Properties: Is There Any Fact of the Matter?”, *Philosophical Studies* 162（1）: 1–12.

Lopes, D. M.（2005）*Sight and Sensibility: Evaluating Pictures*, Oxford: Oxford University Press.

Lyas, C.（2013）“Sibley”, in B. Gaut and D. Lopes（eds.）*The Routledge Companion to Aesthetics, 3rd Edition*, London: Routledge, 190–199.

Lyons, J.（2005）“Clades, Capgras, and Perceptual Kinds”, *Philosophical Topics* 33（1）: 185–206.

MacKinnon, J.（2000）“Scruton, Sibley, and Supervenience”, *The Journal of Aesthetics and Art Criticism* 58（4）: 383–392.

Macpherson, F.（2006）“Ambiguous Figures and the Content of Experience”, *Noûs* 40（1）: 82–117.

———（2011）“Introduction: The Admissible Contents of Experience”, in K. Hawley and F. Macpherson（eds.）, *The Admissible Contents of Experience*, Oxford: Wiley-Blackwell.

Marr, D.（1982）*Vision: A Computational Investigation into the Human Representation and Processing of Visual Information*, New York: W. H. Freeman.（デビッド・マー『ビジョン――視覚の計算理論と脳内表現』乾敏郎，安藤広志訳，産業図書，1987

年.）

Martin, M. G. F.（2004）“The Limits of Self-Awareness,” *Philosophical Studies* 120(13): 37–89.

Masrour, F.（2011）“Is Perceptual Phenomenology Thin?”, *Philosophy and Phenomenological Research* 83(2): 366–397.

Matey, J.（2013）“You Can Aee What ‘I’ Means”, *Philosophical Studies* 162(1): 57–70.

Matravers, D.（2005）“Aesthetic Properties I”, *Aristotelian Society Supplementary Volume* 79: 191–210.

McBrayer, J. P.（2008）*A Defense of Moral Perception*, PhD Dissertation, University of Missouri.

McDowell, J.（1982）“Criteria, Defeasibility, and Knowledge”, *Proceedings of the British Academy* 68: 455–479.

――――（1983）“Aesthetic Value, Objectivity, and the Fabric of the World”, in E. Schaper（ed.）, *Pleasure, Preference and Value*, Cambridge: Cambridge University Press, 1–16.

――――（1985）. “Values and Secondary Qualities”, in T. Honderich,（ed.）, *Morality and Objectivity*, London: Routledge and Kegan Paul, 110–129.（ジョン・マクダウェル「価値と第二性質」村井忠康訳，大庭健編・監訳『徳と理性――マクダウェル倫理学論文集』勁草書房，2016 年.）

――――（1994）*Mind and World*, Cambridge, Mass.: Harvard University Press.（ジョン・マクダウェル『心と世界』神崎繁ほか訳，勁草書房，2012 年.）

McGrath, M.（2013）“Phenomenal Conservatism and Cognitive Penetration: the “Bad Basis” Counterexamples”, in C. Tucker（ed.）, *Seemings and Justification*, New York: Oxford University Press.

McNeill, W. E. S.（2012）“On Seeing That Someone is Angry”, *European Journal of Philosophy* 20(4): 575–597.

Michotte, A.（1963）*The Perception of Causality*, London: Methuen.

Michotte, A., Thinès, G., and Crabbé, G.（1964）“Amodal Completion of Perceptual Structures”, in G. Thinès, A. Costall. and G. Butterworth（eds.）（1991）*Michotte's Experimental Phenomenology of Perception*, Hillsdale, NJ : Lawrence Erlbaum, 140–167.

Millar, A.（2000）“The Scope of Perceptual Knowledge”, *Philosophy* 75(291): 73–88.

Molnar, G.（2000）“Truthmakers for Negative Truths”, *Australasian Journal of Philosophy* 78(1), 72–86.

Moore, G.（1903）“The Refutation of Idealism”, *Mind* 12(48): 433–453.（ジョージ・E・ムーア「観念論論駁」，神野慧一郎訳，坂本百大編『現代哲学基本論文集 II』1–49，勁草書房，1987 年.）

Montague, M.（2016）*The Given: Experience and its Content*, New York: Oxford Universi-

ty Press.

Nagel. T.（1979）"What Is It Like to Be a Bat?", in *Mortal Questions*, New York: Cambridge University Press, 165–180.（トマス・ネーゲル「コウモリであるとはどのようなことか」，『コウモリであるとはどのようなことか』永井均訳，勁草書房，1989 年.）

Nanay, B.（2010）"Perception and Imagination: Amodal perception as Mental Imagery", *Philosophical Studies* 150(2): 239–254.

————（2011a）"Do We Sense Modalities with Our Sense Modalities?", *Ratio* 24(3): 299–310.

————（2011b）"Do We See Apples as Edible?", *Pacific Philosophical Quarterly* 92(3): 305–322.

————（2012a）"Action-oriented Perception", *European Journal of Philosophy* 20(3): 430–446.

————（2012b）"Perceptual Phenomenology", *Philosophical Perspectives* 26(1): 235–246.

————（2016）*Aesthetics as Philosophy of Perception*, Oxford: Oxford University Press.

Noë, A.（2004）*Action in Perception*, Cambridge, Mass.: MIT Press.（アルヴァ・ノエ『知覚のなかの行為』門脇俊介，石原孝二監訳，春秋社，2010 年.）

Nudds, M.（2004）"The Significance of the Senses", *Proceedings of the Aristotelian Society New Series* 104, 31–51.

————（2009）"What Sounds Are", in D. Zimmerman（ed.）, *Oxford Studies in Metaphysics Volume 5*, Oxford University Press, 279–302.

————（2010）"What Are Auditory Objects?", *Review of Philosophy and Psychology* 1(1): 105–122.

O'Callaghan, C.（2007）*Sounds: A Philosophical Theory*, Oxford: Oxford University Press.

————（2011）"Against Hearing Meanings", *Philosophical Quarterly* 61(245): 783–807.

O'Shaughnessy, B.（2000）*Consciousness and the World*, Oxford: Oxford University Press.

Pace, M.（2003）"Blurred Vision and the Transparency of Experience", *Pacific Philosophical Quarterly* 88(3): 328–354.

Pautz, A.（2009）"What Are the Contents of Experiences?", *Philosophical Quarterly* 59(236): 483–507.

Premack, D., and Woodruff, G.（1978）"Does the Chimpanzee Have a Theory of Mind?", *Behavioral and Brain Sciences* 1(4): 515–526.

Price, H. H.（1932）*Perception*, London: Methuen.

Price, R.（2009）"Aspect-Switching and Visual Phenomenal Character", *Philosophical*

Quarterly 59 (236): 508–518.

Prinz, J. (2004) *Gut Reactions: A Perceptual Theory of Emotion*, New York: Oxford University Press.（ジェシー・プリンツ『はらわたが煮えくりかえる――情動の身体知覚説』源河亨訳，勁草書房，2016 年.）

———— (2006) “The Content of Sensation and Perception”, in T. S. Gendler and J. Hawthorne (eds.), *Perceptual Experience*, Oxford: Clarendon Press.

Pryor, J. (2005) “There Is Immediate Justification”, in M. Steup and E. Sosa (eds.), *Contemporary Debates in Epistemology*, Malden, MA: Blackwell.

Pylyshyn, Z. W. (1999). “Is Vision Continuous with Cognition? The Case for Cognitive Impenetrability of Visual Perception”, *Behavioral and Brain Sciences* 22 (3): 341–423.

Raftopoulos, A. and Ziembekis, J. (eds.) (2015) *The Cognitive Penetrability of Perception: New Philosophical Perspectives*, Oxford: Oxford University Press.

Richardson, L. (2010) “Seeing Empty Space”, *European Journal of Philosophy* 18 (2): 227–243.

Robinson, H. (1994) *Perception*. London: Routledge.

Rosenblum, L. (2010) *See What I'm Saying: The Extraordinary Powers of Our Five Senses*, New York: W. W. Norton & Company.

Ross, P. W. (2008) “Common Sense about Qualities and Senses”, *Philosophical Studies* 138 (3), 299–316.

Russell, B. (1912) *The Problems of Philosophy*, London: Williams and Norgate.（バートランド・ラッセル『哲学入門』髙村夏輝訳，ちくま学芸文庫，2005 年.）

Sacks, O. (2012) *Hallucinations*, New York: Knopf.（オリヴァー・サックス『見てしまう人びと――幻覚の脳科学』大田直子訳、早川書房，2014 年.）

Sartre, J. P. (1969) *Being and Nothingness*, translated by H. E. Barnes, New York: Washington Square Press.

Scruton, R. (1974) *Art and Imagination: A Study in the Philosophy of Mind*, London: Methuen.

Scheler, M (1954) *The Nature of Sympathy*, translated by Peter Heath, London: Routledge and Kegan Paul.

Sellars, W. (1997) *Empiricism and the Philosophy of Mind*, Cambridge, Mass.: Harvard University Press [The original,1956].（ウィルフリド・セラーズ『経験論と心の哲学』浜野研三訳，岩波書店，2006 年.）

Sibley, F. (1959) “Aesthetic Concepts”, *Philosophical Review* 68 (4): 421–450.（フランク・シブリー「美的概念」，吉成優訳，西村清和編・監訳『分析美学基本論文集』勁草書房，2015 年.）

———— (1965) “Aesthetic and Nonaesthetic”, *Philosophical Review* 74 (2): 135–159.

———— (1968) "Objectivity and Aesthetics", *Proceedings of the Aristotelian Society Supplementary Volumes* 42: 31–55.

———— (1974) "Particularity, Art, and Evaluation", *Proceedings of the Aristotelian Society Supplementary Volumes* 48: 1–21.

———— (2001) *Approach to Aesthetics*, New York: Oxford University Press.

Siegel, S. (2005) "The Contents of Perception," *Stanford Encyclopedia of Philosophy*. http://plato.stanford.edu/entries/perception-contents/

———— (2006) "Which Properties Are Represented in Perception?", in T. Gendler and J. Hawthorne (eds.), *Perceptual Experience*, Oxford: Clarendon Press.

———— (2010) *The Contents of Visual Experience*, New York: Oxford University Press.

Silins, N. (2013) "The Significance of High-Level Content", *Philosophical Studies* 162(1): 13–33.

Smith, A. D. (2002) *The Problem of Perception*, Cambridge, Mass.: Harvard University Press.

———— (2003) *Routledge Philosophy Guidebook to Husserl and the Cartesian Meditations*, London: Routledge.

Smith, J. (2010) "Seeing Other People", *Philosophy and Phenomenological Research* 81 (3):731–748.

Speaks, J. (2015) *The Phenomenal and the Representational*, New York: Oxford University Press.

Sorensen, R. (2004) "We See in the Dark", *Noûs* 38(3): 456–480.

———— (2008) *Seeing Dark Things*, Oxford: Oxford University Press.

Soteriou, M. (2011) "The Perception of Absence, Space and Time", in J. Roessler, H. Lerman, and N. Eilan (eds.), *Perception, Causation, and Objectivity*. Oxford: Oxford University Press.

———— (2013) *Mind's Construction*, Oxford: Oxford University Press.

Stecker, R. (2010) *Aesthetics and the Philosophy of Art: An Introduction,* Lanham: Rowman and Littlefield Pub Inc.（ロバート・ステッカー『分析美学入門』森功次訳，勁草書房，2013 年.）

Stokes, D. (2014) "Cognitive Penetration and the Perception of Art", *Dialectica* 68(1): 1–34.

Strawson, P. F. (1979/2002) "Perception and Its Objects". in A. Noë and E. Thompson (eds.), *Vision and Mind*, Cambridge: MIT Press, 151–166.

Sugita, Y. (1999) "Grouping of Image Fragments in Primary Visual Cortex", *Nature* 16 (401): 269–272.

Thompson, B. (2009) "Senses for Senses", *Australasian Journal of Philosophy* 87(1): 99–

117.
Todd, C. (2004) "Quasi-Realism, Acquaintance, and The Normative Claims of Aesthetic Judgement", *British Journal of Aesthetics* 44(3): 277–296.
Travis, C. (2004) "The Silence of the Senses", *Mind* 113(449): 57–94.
Tye, M. (1975) "The Adverbial Theory: A Defence of Sellars Against Jackson," *Metaphilosophy* 6(2): 136–143.
———— (1982) "A Causal Analysis of Seeing," *Philosophy and Phenomenological Research* 42(3), 311–325.
———— (1995) *Ten Problems of Consciousness: A representational Theory of the Phenomenal Mind*, Cambridge, Mass.: MIT Press.
———— (2000) *Consciousness, Color and Content*, Cambridge, Mass.: MIT Press.
———— (2002) "Representationalism and the Transparency of Experience", *Noûs* 36(1): 137–151.
Vogt, S. and Magnussen, N. (2007) "Expertise in Pictorial Perception: Eye-movement Patterns and Visual Memory in Artists and Laymen", *Perception* 36(1): 91–100.
Walton, K. (1970) "Categories of Art", *Philosophical Review* 79(3): 334–367.(ケンダル・ウォルトン「芸術のカテゴリー」森功次訳，電子出版物，2015 年，https://note.mu/morinorihide/n/ned715fd23434.)
Wittgenstein, L. (1980) *Remarks on the philosophy of psychology*, in G. H. von Wright and H. Nyman (eds.) (Vol. II) (C. G. Luckhardt & M. A. E. Aue, Trans), Oxford: Blackwell.(ウィトゲンシュタイン『ウィトゲンシュタイン全集 補巻 2　心理学の哲学 2』野家啓一訳，大修館書店，1999 年.)
Young, N. (2016) "Hearing Spaces", *Australasian Journal of Philosophy*, DOI: 10.1080/00048402.2016.1164202.
Zahavi, D. (2011) "Empathy and Direct Social Perception", *Review of Philosophy and Psychology* 2(3): 541–558.
Zangwill, N. (2001) *The Metaphysics of Beauty*, Ithaca: Cornell University Press.
———— (2003) "Aesthetic Judgment", *The Stanford Encyclopedia of Philosophy* (Fall 2014 Edition).
Zeki, S. (1993) *A Vision of the Brain*, Oxford: Wiley-Blackwell.(S・ゼキ『脳のヴィジョン』河内十郎訳，医学書院，1995 年.)

荒畑 靖宏 (2009)『世界内存在の解釈学』春風社.
池田 喬・八重樫 徹 (2013)「「共感の現象学」序説」，『行為論研究』3: 11–35.
小草 泰 (2009)「知覚の志向説と選言説」，『科学哲学』42(1): 29–49.
———— (2011)「「経験の透明性」は経験の現象性と志向性の関係について何

を示しているのか」,『科学哲学』44(1): 17–33.
小口 峰樹 (2011)『知覚経験の概念性と非概念性』博士学位請求論文, 東京大学.
加地 大介 (2008)『穴と境界』春秋社.
源河 亨 (2011)「何が聞こえているのか——音の存在論について」,『哲学の探求』38: 147–160.
———— (2015a)「音楽鑑賞と知覚のマルチモダリティ」,『哲學』134: 89–100.
———— (2015b)「芸術鑑賞と知覚的カテゴライズ——ウォルトンの「芸術のカテゴリー」をめぐって」, 小熊正久, 清塚邦彦 (編)『画像と知覚の哲学——現象学と分析哲学からの接近』東信堂, 190–204.
———— (2016a)「価値知覚と知覚学習——情動の認知的侵入モデル」,『科学哲学』49(1): 37–48.
———— (2016b)「美的判断の客観性と評価的知覚」,『美学』249: 13–24.
河野 哲也 (2007)『善悪は実在するか——アフォーダンスの倫理学』講談社.
境 敦史, 曾我 重司, 小松 英海 (2002)『ギブソン心理学の核心』勁草書房.
鈴木 貴之 (2002)「「心の理論」とは何か」,『科学哲学』35(2): 83–94.
———— (2014)「われわれは何を経験しているのか——知覚と思考, 概念, 意識研究の方法論」, 信原幸弘・太田紘史編『シリーズ新・心の哲学II 意識篇』勁草書房, 131–175.
———— (2015)『ぼくらが原子の集まりなら, なぜ痛みや悲しみを感じるのだろう——意識のハード・プロブレムに挑む』勁草書房.
蝶名林 亮 (2014–2015)「道徳的個別主義を巡る論争——近年の動向」,『Contemporary and Applied Philosophy』6: 1001–1026.
戸田山 和久 (2014)『哲学入門』ちくま新書.
西村 正秀 (2015)「概念主義と指示詞的概念の形成」,『科学哲学』48(2): 49–64.
信原 幸弘 (2014)「他者理解——共感とミラーニューロン」, 信原幸弘・太田紘史編『シリーズ新・心の哲学I 認知篇』勁草書房, 207–252.
朴 嵩哲 (2011)「理論説 vs. シミュレーション説——両説は結局どこが違うのか?」,『哲学・科学史論叢』13: 123–167.
松島 恵介 (1997)「不在の知覚?」,『現代思想 (特集 アフォーダンスの視座——複雑系の生態学)』25(2), 青土社, 229–235.
村井 忠康 (2015)「経験における概念のゆくえ」, 小熊正久, 清塚邦彦 (編)『画像と知覚の哲学——現象学と分析哲学からの接近』東信堂, 172–189.
村野 弘正 (2005)「THE HIGH-LOWS」,『GiGS』240, シンコーミュージック, 24–35.

山口 尚（2012）『クオリアの哲学と知識論証――メアリーが知ったこと』春秋社.
山口 裕之（2009）『認知哲学――心と脳のエピステモロジー』新曜社.